CD付

「あいうえお」から始める

書き込み式

ハングルBOOK

栗原 景 著

成美堂出版

目次

PART 1 「あいうえお」から始めよう

PART 2 ハングルの基礎

本書の使い方

この本は、「ハングルを学ぶのは全くの初めて」、「他の本を読んだが、むずかしくて文字を覚えられない」という人のためのテキストです。記号のように見えるハングルを、日本語のひらがな、そしてローマ字を使って説明してありますので、無理に文字の形を覚えようとしなくても、繰り返し書き取ることによって自然に慣れていくことができます。

PART 1
「あいうえお」から始めよう

ハングルに慣れるために、**日本語の「あいうえお」、ローマ字、そして日本語の単語を使ってハングルを書く練習をします**。むずかしい説明を省き、日本語の単語を「ひらがな→ローマ字→ハングル」の順で変換していくので、例やヒントに従って書き取るだけで、ハングルのしくみや主なパーツを覚えることができます。頭で覚えようとせず、手で書いてハングルに慣れましょう。

PART 2
ハングルの基礎

ハングルという**文字のしくみやルールを、基礎から順序立てて学んでいきます**。大部分は、PART 1で覚えた文字の復習ですので、これまで記号にしか見えなかったハングルが、だんだん「文字」に見えてくることでしょう。

PART 3
単語を書いてみよう

PART 2で学んだハングル文字を使い、**さまざまな単語を書き取ります**。韓国を旅行するときによく使う単語が中心なので、このPARTにある単語をひととおり覚えれば、韓国旅行がいっそう充実したものになることでしょう。

PART 4
覚えた単語でひとこと会話

最後に**簡単な文法と文章を紹介します**。あいさつなどのごく基礎的な文章を勉強するうちに、韓国語が日本語にそっくりであることに気づき、韓国語とハングルへの親しみがわくことと思います。

CDの使い方

付属のCDには、PART 2〜3では、「書いてみよう」と「練習問題」の音声が、PART 4では「書いてみよう」と「あいさつ／カンタンフレーズ／数字」の音声が収録されています。CDを聞きながら、同時に書き取るということを繰り返し、練習問題でハングルを復習していくことで、**「文字」と「発音」を一緒に身につけることができます**。

PART 1

「あいうえお」から始めよう

とてもむずかしそうに見えるハングルですが、その構造はとてもシンプル。本格的な勉強を始める前に、まずは日本語の「あいうえお」を使って、ハングルの形としくみに慣れる練習をします。ローマ字の要領で、どんどん書いてみてください。

● ハングルってどんな文字？	6
● 「あかさたな」でハングルを書いてみよう	8
● 「あいうえお」でハングルを書いてみよう	10
● ハングルで日本語の50音を書いてみよう	12
● ハングルで日本語の単語を書いてみよう	14
● ちょっと違う「や、ゆ、よ」	16
● 「わ」と「ん」はどう書く？	18
● うまく書けない「ち」と「つ」	20
● 濁音はどう表す？	22
● 人の名前を書いてみよう	24
● 日本の地名を書いてみよう	26
● 動物の名前を書いてみよう	28
● 食べ物の名前を書いてみよう	30
● ハングルの形の由来	32
● 書体の違いによるハングルの違い	34

ハングルってどんな文字？

ハングルは、今から約560年前の1443年、朝鮮王朝第4代国王の世宗（セジョン）が、庶民でも簡単に文章を読み書きできるようにと、学者を集めて作らせた文字です。漢字をはじめ世界の多くの文字は、長い歴史の中で少しずつできあがっていったものですが、ハングルは「誰でも簡単に読み書きできる文字」という明確なコンセプトがあって作られた、世界でも例の少ない科学的な文字なのです。

■ハングルは ローマ字と同じしくみ

ぱっと見た目には、○や□の記号ばかりに見えるハングルですが、ちょっと勉強してみると、思いのほか簡単なことに気づきます。なぜ簡単なのでしょうか？ その答えはただ1つ、**「ハングルはローマ字と同じしくみ」**だからです。例えば、「頭（あたま）」という単語を、ローマ字で書いてみましょう。ちょっとわかりやすくするために、縦に書いてみます。

あ → A
た → TA
ま → MA

このようにローマ字は、「あかさたな」にあたる子音（ここではTとM）と、「あいうえお」にあたる母音（ここではA）のアルファベットを組み合わせればいいのです。では、ハングルでも書いてみましょう。

あ → A → 아
た → TA → 다
ま → MA → 마

…なんだ、やっぱり記号じゃないか、と思った方、もう一度よく見てください。どこか似ていませんか？ ローマ字もハングルも、**右側のパーツがローマ字は「A」、ハングルは「ㅏ」と、全部同じ**です。

■子音と母音が ローマ字と対応

ローマ字の「**A**」は、ハングルでは、カタカナの「**ト**」のような形。これが母音「あ」を表すパーツです。左側の子音のパーツは、文字によって**ㅇ**、**ㄷ**、**ㅁ**など形が違いますが、これも、**ローマ字とハングルはほぼ同じ音を表しています。**

1文字目の「あ」は、ローマ字では「A」1文字だけですが、ハングルは「**ㅇ**」のような文字を付けます。これは、そのまま「ゼロ」つまり、何もなし、という意味で、「**子音はありません**」ということを表しています。

아

子音↑ ↑母音

書いてみよう

日本語の「あ」の段の音だけでできている単語を、子音と母音ごとにローマ字とハングルで書いてみましょう。まずローマ字、次にハングルを書きます。

ハングルの書き順は、日本語と同様「上から下」「左から右」が基本です。
母音の書き順はp.41、子音の書き順はp.43を参照してください。

朝	あ		さ		あ		さ		あ		さ		あ		さ	
	子音	母音	子音	母音	子音	母音	子音	母音	子音	母音	子音	母音	子音	母音	子音	母音
ローマ字 ASA	なし	A	S	A												
↓	↓	↓	↓	↓	↓	↓	↓	↓	↓	↓	↓	↓	↓	↓	↓	↓
ハングル 아사	아		사		아		사									

傘	か		さ		か		さ		か		さ		か		さ	
	子音	母音	子音	母音	子音	母音	子音	母音	子音	母音	子音	母音	子音	母音	子音	母音
ローマ字 KASA	K	A	S	A												
↓	↓	↓	↓	↓	↓	↓	↓	↓	↓	↓	↓	↓	↓	↓	↓	↓
ハングル 가사	가		사		가		사									

奈良	な		ら		な		ら		な		ら		な		ら	
	子音	母音	子音	母音	子音	母音	子音	母音	子音	母音	子音	母音	子音	母音	子音	母音
ローマ字 NARA	N	A	R	A												
↓	↓	↓	↓	↓	↓	↓	↓	↓	↓	↓	↓	↓	↓	↓	↓	↓
ハングル 나라	나		라		나		라									

花	は		な		は		な		は		な		は		な	
	子音	母音	子音	母音	子音	母音	子音	母音	子音	母音	子音	母音	子音	母音	子音	母音
ローマ字 HANA	H	A	N	A												
↓	↓	↓	↓	↓	↓	↓	↓	↓	↓	↓	↓	↓	↓	↓	↓	↓
ハングル 하나	하		나		하		나									

※PART 1のハングルは、練習のため、すべて日本語の発音をそのままハングルで表してみたものです。実際の韓国語の単語ではありませんので、間違えないようにしてください。

「あかさたな」でハングルを書いてみよう

ハングルが、ローマ字と同じ構造をしているというのは、何となく理解できたでしょうか。しかし、まだ、1つ1つのパーツを覚えようとしてはいけませんよ。「ハングルは、しくみがローマ字と同じ」ということだけ、何となくわかっていればOKです。

ここでは「あ·か·さ·た·な…」など、「あ」段の音だけを使って、ハングルのしくみにもう少し慣れていきましょう。下に挙げた日本語の単語を、ハングルで書いてみます。

書いてみよう

それぞれの単語をローマ字で書き、ヒントを見ながら、ローマ字をハングルに置き換えてみてください。

ヒント→

あ行	か行	さ行	た行	な行	は行	ま行	ら行※		あ
子音なし	K	S	T	N	H	M	R		A
＝	＝	＝	＝	＝	＝	＝	＝		＝
ㅇ	ㄱ	ㅅ	ㄷ	ㄴ	ㅎ	ㅁ	ㄹ		ㅏ

	あ	か	あ	か	あ	か	あ	か
赤	子音なし A	K A						
	↓ ↓	↓ ↓	↓ ↓	↓ ↓	↓ ↓	↓ ↓	↓ ↓	↓ ↓
	ㅇ ㅏ	ㄱ ㅏ						
	아	가						

	さ	ら	さ	ら	さ	ら	さ	ら
皿	S A	R A						
	↓ ↓	↓ ↓	↓ ↓	↓ ↓	↓ ↓	↓ ↓	↓ ↓	↓ ↓
	ㅅ ㅏ	ㄹ ㅏ						
	사	라						

玉	た	ま
	TA	MA
	다	마
	다	마

生	な	ま
	NA	MA
	나	마
	나	마

浜	は	ま
	HA	MA
	하	마
	하	마

腹	は	ら
	HA	RA
	하	라
	하	라

※「や」行と「わ」行は、少し特殊な表記になります（p.16〜18参照）。

「あいうえお」でハングルを書いてみよう

さて、ここまではすべて「あ」段の音だけを勉強してきたので、そろそろ「い・う・え・お」も練習してみましょう。

しばらくは、各ページごとに載っている「ヒント」を見ながら書きましょう。頭で覚えず、ローマ字を書いてから、ヒントを見てハングルに置き換える、という作業を繰り返していけば、だんだん頭より手が覚えていきます。

書いてみよう

「あいうえお」の5文字だけで書ける日本語の単語を、ハングルで書いてみましょう。色の付いたハングルのパーツは、縦に並ぶ文字です。

ヒント→

	あ	い	う	え	お
子音なし	A	I	U	E	O
=	=	=	=	=	=
ㅇ	ㅏ	ㅣ	ㅜ	ㅔ	ㅗ

愛

あ		い	
子音なし	A	子音なし	I
↓	↓	↓	↓
ㅇ	ㅏ	ㅇ	ㅣ
아		이	

家

い		え	
子音なし	I	子音なし	E
↓	↓	↓	↓
ㅇ	ㅣ	ㅇ	ㅔ
이		에	

上	う	え	う	え	う	え	う	え
	子音なし U	子音なし E						
	↓	↓ ↓	↓	↓ ↓	↓	↓ ↓	↓	↓ ↓
	우	에						
	우	에						

青	あ	お	あ	お	あ	お	あ	お
	子音なし A	子音なし O						
	↓ ↓	↓	↓ ↓	↓	↓ ↓	↓	↓ ↓	↓
	아	오						
	아	오						

甥	お	い	お	い	お	い	お	い
	子音なし O	子音なし I						
	↓	↓ ↓	↓	↓ ↓	↓	↓ ↓	↓	↓ ↓
	오	이						
	오	이						

ハングル マメ知識

上下に付く組み合わせもある

「う」や「お」は、形がなんだか変ですね。よく見ると、「い」や「え」は、今まで習った「あ」段の音と同じように、「ㅇ」の右横にパーツがくっついていますが、「う」と「お」は、「ㅇ」の下にパーツがくっついています。主に「う」や「お」の音は、このように上下に並べるルールです。今の段階では無理に覚えようとせず、頭のどこかにとどめておけばよいでしょう。

ハングルで日本語の50音を書いてみよう

ハングルに慣れてきたところで、日本語の50音表を、ハングルで作ってみましょう。ちょっと特殊な「や」行と「わ」行は後回しにして、全部で40個の文字を書いてみます。

書いてみよう

「あ·か·さ·た·な」の子音のパーツと、「あ·い·う·え·お」の母音のパーツを組み合わせて、実際になぞって書いてみましょう。

子音→ ↓母音	子音なし ㅇ	か(K) ㄱ	さ(S) ㅅ	た(T) ㄷ	な(N) ㄴ
あ(A) ㅏ	あ ㅇㅏ 아	か ㄱㅏ 가	さ ㅅㅏ 사	た ㄷㅏ 다	な ㄴㅏ 나
い(I) ㅣ	い ㅇㅣ 이	き ㄱㅣ 기	し ㅅㅣ 시	ち ㄷㅣ 디	に ㄴㅣ 니
う(U) ㅜ	う ㅇㅜ 우	く ㄱㅜ 구	す ㅅㅜ 수	つ ㄷㅜ 두	ぬ ㄴㅜ 누
え(E) ㅔ	え ㅇㅔ 에	け ㄱㅔ 게	せ ㅅㅔ 세	て ㄷㅔ 데	ね ㄴㅔ 네
お(O) ㅗ	お ㅇㅗ 오	こ ㄱㅗ 고	そ ㅅㅗ 소	と ㄷㅗ 도	の ㄴㅗ 노

★本当の発音とはちょっと違うけど、まだ気にしない!

この章では、ハングルをわかりやすく理解するために、ハングルの音を日本語の50音に例えて練習しています。でも、やはり外国語ですから、完全にイコールの音にはなりません。例えば、「た」行の音は、ここに書いたハングルだと正確には「た·てぃ·とぅ·て·と」という音になります。ハングルのきちんとしたしくみと発音は、PART 2で詳しく勉強するので、今はとにかく、ハングルが文字に見えてくるまで、ひたすら書きましょう!

「う·く·す·つ·ぬ…」の段と、「お·こ·そ·と·の…」の段は、パーツが上下に付くということに気をつけてください。

は(H) ㅎ	ま(M) ㅁ	や(Y)※	ら(R) ㄹ	わ(W)※
は ㅎ ㅏ 하	ま ㅁ ㅏ 마	や ㅇ ㅑ 야	ら ㄹ ㅏ 라	わ ㅇ ㅘ 와
ひ ㅎ ㅣ 히	み ㅁ ㅣ 미		り ㄹ ㅣ 리	
ふ ㅎ ㅜ 후	む ㅁ ㅜ 무	ゆ ㅇ ㅠ 유	る ㄹ ㅜ 루	
へ ㅎ ㅔ 헤	め ㅁ ㅔ 메		れ ㄹ ㅔ 레	
ほ ㅎ ㅗ 호	も ㅁ ㅗ 모	よ ㅇ ㅛ 요	ろ ㄹ ㅗ 로	を ㅇ ㅗ 오

※「や」「ゆ」「よ」「わ」については、p.16〜18参照。

ハングルで日本語の単語を書いてみよう

今度は、日本語の単語をハングルで書いてみましょう。ハングルのパーツの一部を取り替えて、連想ゲームのように別の単語を作ります。

このページのハングルは、練習のため、すべて日本語の発音をそのままハングルで表してみたものです。実際の韓国語の単語ではありませんので、間違えないように。

書いてみよう

日本語の音をまずローマ字で確認し、ヒントを見ながらハングルのパーツに置き換えて書き込んでみましょう。

→ヒント

無	K	S	T	N	H	M	R
‖	‖	‖	‖	‖	‖	‖	‖
ㅇ	ㄱ	ㅅ	ㄷ	ㄴ	ㅎ	ㅁ	ㄹ

A	I	U	E	O
‖	‖	‖	‖	‖
ㅏ	ㅣ	ㅜ	ㅔ	ㅗ

①子音だけを取り替えて、いろいろな単語を作ってみる

愛		柿		梨		針	
あ	い	か	き	な	し	は	り
無=ㅇ A=ㅏ	無=ㅇ I=ㅣ	K=ㄱ A=ㅏ	K=ㄱ I=ㅣ	N=ㄴ A=ㅏ	S=ㅅ I=ㅣ	H=ㅎ A=ㅏ	R=ㄹ I=ㅣ
ㅏ	ㅣ	ㅏ	ㅣ	ㅏ	ㅣ	ㅏ	ㅣ

青		鴨		タコ		箱	
あ	お	か	も	た	こ	は	こ
無=ㅇ A=ㅏ	無=ㅇ O=ㅗ	K=ㄱ A=ㅏ	M=ㅁ O=ㅗ	T=ㄷ A=ㅏ	K=ㄱ O=ㅗ	H=ㅎ A=ㅏ	K=ㄱ O=ㅗ
ㅏ	ㅗ	ㅏ	ㅗ	ㅏ	ㅗ	ㅏ	ㅗ

②母音だけを取り替えて、いろいろな単語を作ってみる

単語	1文字目	2文字目
傘	か K=ㄱ A=ㅏ	さ S=ㅅ A=ㅏ
串	く K=ㄱ U=ㅜ	し S=ㅅ I=ㅣ
キス	き K=ㄱ I=ㅣ	す S=ㅅ U=ㅜ
腰	こ K=ㄱ O=ㅗ	し S=ㅅ I=ㅣ
花	は H=ㅎ A=ㅏ	な N=ㄴ A=ㅏ
船	ふ H=ㅎ U=ㅜ	ね N=ㄴ E=ㅔ
骨	ほ H=ㅎ O=ㅗ	ね N=ㄴ E=ㅔ
雛	ひ H=ㅎ I=ㅣ	な N=ㄴ A=ㅏ

回答

① 아이（あい）	가기（かき）	나시（なし）	하리（はり）
아오（あお）	가모（かも）	다고（たこ）	하고（はこ）
② 가사（かさ）	구시（くし）	기수（きす）	고시（こし）
하나（はな）	후네（ふね）	호네（ほね）	히나（ひな）

ちょっと違う「や、ゆ、よ」

p.12で、日本語の50音をハングルで書きましたが、「や」行は書きませんでした。というのも、これらの音は、ちょっと他の文字とは話が違うのです。ここではその説明をします。

■ 韓国語では「や、ゆ、よ」も母音

まずは、だいぶおなじみになってきた「あ、う、お」のハングルです。

あ	う	お
無↓ㅇ　A↓ㅏ	無→ㅇ U→ㅜ	無→ㅇ O→ㅗ
아	우	오

次に「や、ゆ、よ」を書いて、くらべてみましょう。

や	ゆ	よ
無↓ㅇ　YA↓ㅑ	無→ㅇ YU→ㅠ	無→ㅇ YO→ㅛ
야	유	요

よく似ていますが、何か変ですね。Yの音が付くのに、子音の部分はゼロを意味する「ㅇ」のままで、母音のパーツに棒が増えています。日本語の感覚なら、「や、ゆ、よ」は子音「Y」に、母音の「A、U、O」が付いていると考えますが、**韓国語ではYA、YU、YOを、A、U、Oが変化した母音と考える**のです。

■ 「や、ゆ、よ」応用編

このルールを応用して、以下のような音も簡単に表現できます。

きゃ	きゅ	きょ
K↓ㄱ　YA↓ㅑ	K→ㄱ YU→ㅠ	K→ㄱ YO→ㅛ
갸	규	교

書いてみよう

「や、ゆ、よ」の音を含む単語を、ハングルで書いてみましょう。まずローマ字をハングルのパーツに置き換え、次にハングルの文字を書きます。

客間	きゃ	く	ま	きゃ	く	ま	きゃ	く	ま
	K↓ YA↓	K→ ㄱ	M↓ A↓	K↓ YA↓	K→	M↓ A↓	K↓ YA↓	K→	M↓ A↓
	ㄱ ㅑ	U→ ㅜ	ㅁ ㅏ		U→			U→	
	갸	구	마						

胡瓜	きゅ	う	り	きゅ	う	り	きゅ	う	り
	K→ ㄱ	無→ ㅇ	R↓ I↓	K→	無→	R↓ I↓	K→	無→	R↓ I↓
	YU→ ㅠ	U→ ㅜ	ㄹ ㅣ	YU→	U→		YU→	U→	
	규	우	리						

修理	しゅ	う	り	しゅ	う	り	しゅ	う	り
	S→ ㅅ	無→ ㅇ	R↓ I↓	S→	無→	R↓ I↓	S→	無→	R↓ I↓
	YU→ ㅠ	U→ ㅜ	ㄹ ㅣ	YU→	U→		YU→	U→	
	슈	우	리						

勝利	しょ	う	り	しょ	う	り	しょ	う	り
	S→ ㅅ	無→ ㅇ	R↓ I↓	S→	無→	R↓ I↓	S→	無→	R↓ I↓
	YO→ ㅛ	U→ ㅜ	ㄹ ㅣ	YO→	U→		YO→	U→	
	쇼	우	리						

料理	りょ	う	り	りょ	う	り	りょ	う	り
	R→ ㄹ	無→ ㅇ	R↓ I↓	R→	無→	R↓ I↓	R→	無→	R↓ I↓
	YO→ ㅛ	U→ ㅜ	ㄹ ㅣ	YO→	U→		YO→	U→	
	료	우	리						

「わ」と「ん」はどう書く？

p.12の50音表では、「や」行の他にも書かない欄がありました。それが「わ」です。「ん」に当たる音と一緒に説明します。

「わ」は複合母音

まず、「わ」という音をハングルで書いてみます。

와

今までに見たことのない形が出てきました。この文字を分解すると、

ㅇ ＋ ㅘ

という2つのパーツに分かれます。「ㅘ」というのは見慣れないパーツですが、「ㅗ（お）」と「ㅏ（あ）」が合体し、「わ」の音になったパーツです。このように、ハングルには2つの母音が合体した**複合母音**というパーツがあるのです。複合母音に関してはPART 2のp.62で詳しく説明するので、ここではそういうものがある、ということだけ知っておいてください。

「ん」はパッチム

もう1つ、「ん」ですが、これは簡単。「ん」をローマ字で書くと「n」。「なにぬねの」の子音「n」と同じです。「なにぬねの」の「n」は、ハングルで書くと「ㄴ」。これをそのままハングルで書けばよいのです。

例えば「本」を書いてみます。

ほ	ん
H→ㅎ O→ㅗ	N→ㄴ
호	ㄴ

ところが、「ん」は「N」1文字で表すので、パーツが1つだけ取り残されたようになってしまいます。こんなときは、前の文字の下にくっつけて、

혼

と書きます。これを、**パッチム**と言います。詳しくは、PART 2のp.65で勉強します。

練習問題1

練習 1

次のハングルを見て、そのまま発音してみましょう。日本語の文章で何と書いてあるでしょうか。

① 기노우, 야마에 이기 마시다.

② 아시다 나리다구우고우가라 간고구니 이구 히고우기니 노리마수.

練習 2

次の文章の読みを、そのままハングルで書いてみましょう。

① きれいな花を買いました。

② 来週は晴れるといいなあ。

練習 3

次の文章の読みをハングルでたどると、どの出口に出てくるでしょうか。

今日、駅に行き先生に会う約束をしました。

スタート →

교	우	다	미	가	무	기	이	시	다
나	에	기	구	노	뇨	세	시	마	가
리	먀	니	순	오	리	뉴	가	오	다
아	후	이	기	노	다	미	하	료	아
두	니	가	센	뮤	기	구	요	수	후
히	후	다	세	이	니	후	라	우	나
사	류	아	누	고	아	다	서	노	오
우	먀	오	소	요	우	쇼	교	하	소
두	시	하	냐	시	야	히	오	시	마
시	마	가	히	료	구	소	구	고	시
다	우	료	랴	이	무	누	요	수	다

→C

↓A ↓B

解答

1 ①昨日、山へ行きました。
②明日成田空港から韓国に行く飛行機に乗ります。

2 ①기레이나 하나오 가이마시다.
②라이슈우와 하레루도 이이나아.

3 B

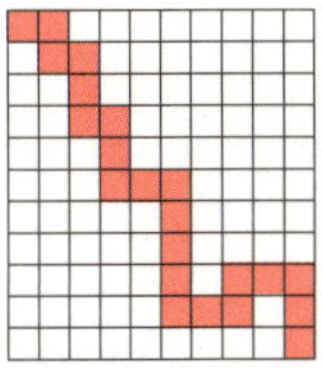

うまく書けない「ち」と「つ」

p.12で書いたハングルの50音表には、実はちょっとおかしなところがあります。p.13でもちょっと書きましたが、そのおかしなところとは、ずばり「ち」と「つ」です。

「ち」と「つ」は「ティ」と「トゥ」

50音表では、それぞれ

ち　つ
디　두

と書きましたが、これは実際には「**디**」＝「ティ」、「**두**」＝「トゥ」と読みます。

ハングルはローマ字と同じ、というのはこれまで何度も書きました。「**디**」「**두**」は、ローマ字で書くとそれぞれ“TI”、“TU”になります。一方、「ち」と「つ」はローマ字で書くとそれぞれ“CHI”、“TSU”。つまり、「ち」と「つ」のほうが、例外的な発音をしているのです。試しに、“TI”、“TU”を英語圏の人に発音してもらうと、「ティ」「トゥ」と発音されるはずです。

ちなみに、「ち」に近い発音をする文字は、「**치**」(→p.111)。また、「つ」に当たる文字はハングルには存在せず、普通の韓国人は「つ」を発音することができません。そのため、日本料理の「とんかつ」が「トンカス」と発音されたりします。

ハングルをきれいに書くコツ

2～4個のパーツを縦横に組み合わせるハングル。きれいに書くコツは、当たり前のことですが、手本を見ながら何度も書いて形を覚えることです。むずかしく考えず、カタカナを書くつもりで練習すると、意外ときれいに書けます。また、次のような点に気をつけて書くと、バランスがよくなります。

① パーツの並び方によって、少し形を変える

パーツが横に並ぶときは
各パーツを少し縦長に書きます。

아　다

パーツが縦に並ぶときは
各パーツを少し横長に書きます。

오　도

② “ㄱ” のきれいな書き方

パーツが横に並ぶときは
カタカナの「フ」のような感じで書きます。

가

パーツが縦に並ぶときは
ほぼ直角に曲げて書きます。
このとき「フ」のように書くと、
バランスが悪くなります。

○ 고　× 고

③ “ㄴ” のきれいな書き方

パーツが横に並ぶときは少しはねて
カタカナの「レ」に近い感じで書きます。

나

パーツが縦に並ぶときは
ほぼ直角に曲がります。
このとき「レ」のように書くと、
バランスが悪くなります。

○ 노　× 노

濁音はどう表す？

簡単とは言っても、韓国語はやはり外国語。日本語にはない発音もあれば、日本語にはあるのに韓国語には存在しない発音もあります。そのため、50音を完ぺきにハングルで書き表すことはできないのですが、中でもちょっとややこしいのが、濁音についてです。

濁音の概念がないハングル

「がぎぐげご」「ばびぶべぼ」。こうした濁点(だくてん)(゛)のついた文字、つまり濁音は、ハングルではどう書くのでしょうか？

実は、韓国語には「か」と「が」、「ふ」と「ぶ」といった、清音と濁音の区別がなく、日本のように濁音を書き表すことはできません。例えば、次のハングルを発音してみましょう。

다다

「タタ」？　いいえ違います。「ダダ」？　それも違います。これは、「タダ」と発音します。同じ「**다**」が続けて出てきているのに、最初の文字と2番目の文字で、音が違うのです。

韓国語には濁音の概念がありませんが、**「か」行（ㄱ）、「た」行（ㄷ）の子音が、単語の中、あるいは最後に来ると、濁音に近い発音に聞こえる**、という法則があります。つまり、先ほどの“**다다**”の場合、最初の“**다**”は単語の先頭にあるので濁らず「タ（TA）」、次の“**다**”は単語の最後にあるので「ダ(DA)」と発音するのです。

	가	기	구	게	고
単語の先頭	KA	KI	KU	KE	KO
	カ	キ	ク	ケ	コ
単語の中、最後	GA	GI	GU	GE	GO
	ガ	ギ	グ	ゲ	ゴ

	다	디	두	데	도
単語の先頭	TA	TI	TU	TE	TO
	タ	ティ	トゥ	テ	ト
単語の中、最後	DA	DI	DU	DE	DO
	ダ	ディ	ドゥ	デ	ド

■ さ行、は行の濁音は別のハングル

「さ」行の“ㅅ”や「は」行の“ㅎ”は、濁音になることはありません。「さ」行と「は」行の濁音には、別のハングルがあります。

ㅈ Z	ざ(ジャ) 자	じ 지	ず(ジュ) 주	ぜ(ジェ) 제	ぞ(ジョ) 조
ㅂ P/B	ば 바	び 비	ぶ 부	べ 베	ぼ 보

カッコ内は実際の発音。実は、「ざ・ず・ぜ・ぞ」は韓国語には正確には存在しない発音なのです。

書いてみよう

濁音を含む単語を、子音と母音ごとに書いてみましょう。まずローマ字を見てハングルのパーツに置き換えて、次に完成した文字を書きます。

タダ

た		だ		た		だ		た		だ		た		だ	
T↓	A↓	D↓	A↓	T↓	A↓	D↓	A↓	T↓	A↓	D↓	A↓	T↓	A↓	D↓	A↓
ㄷ	ㅏ	ㄷ	ㅏ												
다		다													

カギ

か		ぎ		か		ぎ		か		ぎ		か		ぎ	
K↓	A↓	G↓	I↓	K↓	A↓	G↓	I↓	K↓	A↓	G↓	I↓	K↓	A↓	G↓	I↓
ㄱ	ㅏ	ㄱ	ㅣ												
가		기													

父母

ふ	ぼ	ふ	ぼ	ふ	ぼ	ふ	ぼ
F→ ㅎ	B→ ㅂ	F→	B→	F→	B→	F→	B→
U→ ㅜ	O→ ㅗ	U→	O→	U→	O→	U→	O→
후	보						

人の名前を書いてみよう

日本の有名人の名前をハングルで書いてみます。ここでは、比較的ハングルで書き表すのが簡単な芸能人を中心に集めてみました。いろいろな人の名前を書いたら、今度は自分の名前をハングルで書いてみましょう。

書いてみよう

ローマ字の子音と母音を確認し、人名をハングルに置き換えてみましょう。
PART 1では、濁音（が、だ、など）も清音（か、た、など）と同じ表記にします。

木村拓哉						
	き	む	ら	た	く	や
	K I	M U	R A	T A	K U	無 YA
	기	무	라	다	구	야

上戸　彩					
	う	え	と	あ	や
	無 U	無 E	T O	無 A	無 YA
	우	에	도	아	야

稲垣吾郎							
	い	な	が	き	ご	ろ	う
	無 I	N A	G A	K I	G O	R O	無 U
	이	나	가	기	고	로	우

野茂英雄

の	も	ひ	で	お
N O	M O	H I	D E	無 O
노	모	히	데	오

朝青龍

あ	さ	しょ	う	りゅ	う
無 A	S A	S YO	無 U	R YU	無 U
아	사	쇼	우	류	우

明石家さんま

あ	か	し	や	さ	ん	ま
無 A	K A	S I	無 YA	S A	N	M A
아	가	시	야	산		마

自分の名前

●ヒントを参考に、ローマ字をハングルのパーツに置き換えてから、文字を完成させましょう。

ヒント

K/G	S	T/D	N	H	M	R	Z	P/B	無
ㄱ	ㅅ	ㄷ	ㄴ	ㅎ	ㅁ	ㄹ	ㅈ	ㅂ	ㅇ
A	**I**	**U**	**E**	**O**	**YA**	**YU**	**YO**	**WA**	
ㅏ	ㅣ	ㅜ	ㅔ	ㅗ	ㅑ	ㅠ	ㅛ	ㅘ	

①ひらがな								
②ローマ字								
③ローマ字に対応するハングルのパーツ	↓	↓	↓	↓	↓	↓	↓	↓
④ハングル								

日本の地名を書いてみよう

日本の地名をハングルで書いてみます。ここでも、ひらがな→ローマ字→ハングルと変換する練習なので、実際に韓国で書かれているハングルとは異なります。まずはハングルに慣れるために、どんどん書いていきましょう。

書いてみよう

ローマ字の子音と母音を確認し、地名をハングルに置き換えてみましょう。
PART 1では、濁音（が、だ、など）も清音（か、た、など）と同じ表記にします。

ヒント

K/G	S	T/D	N	H	M	R	Z	P/B	無
ㄱ	ㅅ	ㄷ	ㄴ	ㅎ	ㅁ	ㄹ	ㅈ	ㅂ	ㅇ

A	I	U	E	O	YA	YU	YO	WA
ㅏ	ㅣ	ㅜ	ㅔ	ㅗ	ㅑ	ㅠ	ㅛ	ㅘ

函館

は	こ	だ	て
H A	K O	D A	T E
하	고	다	데

横浜

よ	こ	は	ま
無 YO	K O	H A	M A
요	고	하	마

東京

と	う	きょ	う
T O	無 U	K YO	無 U
도	우	교	우

新潟

に	い	が	た
N I	無 I	G A	T A
니	이	가	다

京都	きょ	う	と
	K YO	無 U	T O
	교	우	도

神戸	こ	う	べ
	K O	無 U	B E
	고	우	베

大阪	お	お	さ	か
	無 O	無 O	S A	K A
	오	오	사	가

沖縄	お	き	な	わ
	無 O	K I	N A	無 WA
	오	기	나	와

ハングル マメ知識

中野？ 長野？

筆者の出身地は東京の中野。そして、以前は長野に親戚が住んでいました。これを韓国の人に説明するのは大変です。

「私の故郷は中野（ナカノ）で、親戚は長野（ナガノ）に住んでいます」

「親戚と一緒に住んでいるんですか?」　「……???」

前にもご紹介したとおり、韓国では、濁音の区別をしません。韓国の人には、どちらも“**나가노**”という同じ地名に聞こえてしまったわけです。

動物の名前を書いてみよう

書いてみよう

ローマ字の子音と母音を確認し、動物名をハングルに置き換えてみましょう。
PART 1では、濁音（が、だ、など）も清音（か、た、など）と同じ表記にします。

ヒント

K/G	S	T/D	N	H	M	R	Z	P/B	無
ㄱ	ㅅ	ㄷ	ㄴ	ㅎ	ㅁ	ㄹ	ㅈ	ㅂ	ㅇ

A	I	U	E	O	YA	YU	YO	WA
ㅏ	ㅣ	ㅜ	ㅔ	ㅗ	ㅑ	ㅠ	ㅛ	ㅘ

猫
ね		こ	K
N	E		O
네		고	

犬
い		ぬ	N
無	I		U
이		누	

リス
り		す	S
R	I		U
리		수	

牛
う	無	し	
	U	S	I
우		시	

馬
う	無	ま	
	U	M	A
우		마	

豚
ぶ	B	た	
	U	T	A
부		다	

カバ	かば	KABA	가 바
猿	さる	SARU	사 루
山羊	やぎ	無 YAGI	야 기
熊	くま	KUMA	구 마
虎	とら	TORA	도 라
象	ぞう	ZO 無 U	조 우

ハングル マメ知識

猫は嫌われ者?

日本では、ペットといえば犬か猫ですが、韓国ではダントツで犬が人気。猫は不吉な動物として、どちらかというと嫌われ者です。日本では、人間に飼われていない猫を「野良猫」と言いますが、韓国では「泥棒猫」と言うほど。日本には、野良猫にえさをあげるおばさんがいたりして、まるまる太って愛嬌のある野良猫が多いですが、韓国の野良猫はあまりかわいくありません。やはり、愛情を注がないとかわいくはならないのだと、韓国で学びました。

食べ物の名前を書いてみよう

書いてみよう

ローマ字の子音と母音を確認し、食べ物名をハングルに置き換えてみましょう。
PART 1では、濁音（が、だ、など）も清音（か、た、など）と同じ表記にします。

ヒント

K/G	S	T/D	N	H	M	R/L	Z	P/B	無
ㄱ	ㅅ	ㄷ	ㄴ	ㅎ	ㅁ	ㄹ	ㅈ	ㅂ	ㅇ

A	I	U	E	O	YA	YU	YO	WA
ㅏ	ㅣ	ㅜ	ㅔ	ㅗ	ㅑ	ㅠ	ㅛ	ㅘ

米　こ K O　め M E　고 메

鍋　な N A　べ B E　나 베

味噌　み M I　そ S O　미 소

ごはん　ご G O　は H A　ん N　고 한

肉　に N I　く K U　니 구

塩　し S I　お 無 O　시 오

※韓国には音引き「ー」がないので、省略して書きます。

蕎麦

そ	ば
SO	BA
소	바

刺身

さ	し	み
SA	SI	MI
사	시	미

カレー

か	れ(ー)
KA	RE
가	레

寿司

す	し
SU	SI
수	시

野菜

や	さ	い
無 YA	SA	無 I
야	사	이

豆

ま	め
MA	ME
마	메

ハングル マメ知識

韓国にはのばす音がない？

「ジュース」「ビール」など、日本語では、音をのばすときに音引きと呼ばれる棒を使いますが、韓国語にはこうした記号はありません。韓国の人たちは、わざわざ文字で書かなくても、経験による感覚で音をのばしているようです。

最近は日本語の影響で、「카ー라이프（Car Life）」といった表記も見かけるようになってきました。

ハングルの形の由来

ハングルは、構造が単純で、比較的容易に学習できる文字ですが、それぞれのパーツがどうしてその音を表すのかを想像できないので、日本人にとっては覚えるのに少々骨が折れるかもしれません。でも、「誰でも簡単に覚えられる文字を」というコンセプトで考え抜かれた文字だけあって、実は文字の形も非常に理論的に作られているのです。

舌や口の形を表す子音のパーツ

まず、「あ･か･さ･た･な」を表す子音のパーツです。これらの音は、**発音するときの舌や口の形をシンプルに表現した形**になっています。いくつか、これまでに勉強したパーツの形を見てみましょう。

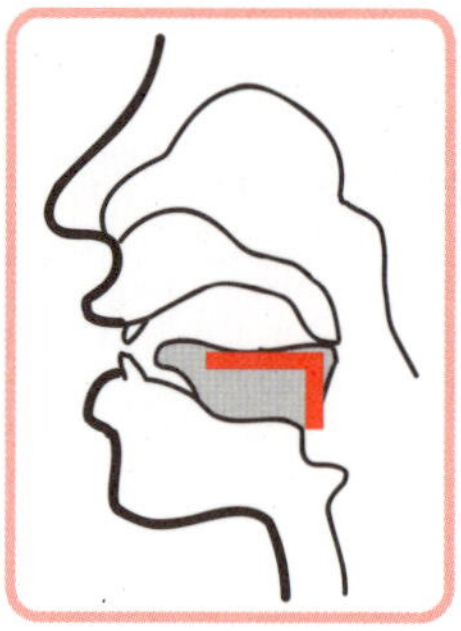

か行を表すㄱ。これは、「カ」と発音するときに、舌が少し引っ込んで、のどをきゅっと締める形を表しています。

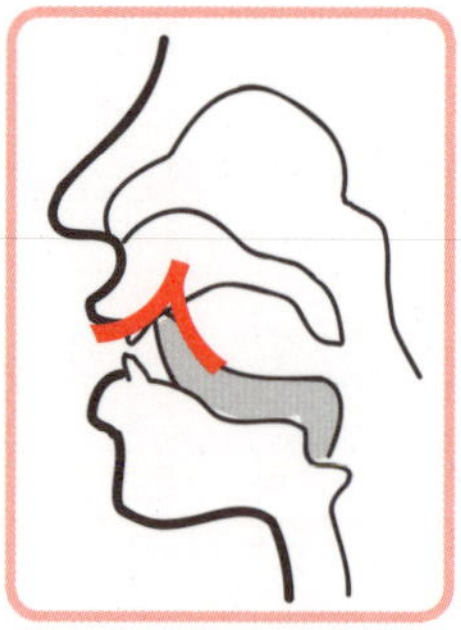

「サ」と言うときは、舌が上の歯の裏に触れ、そこから息が漏れて「サ」と発音されますが、さ行を表すㅅは、この舌が上の前歯の裏に触れる様子を表しています。

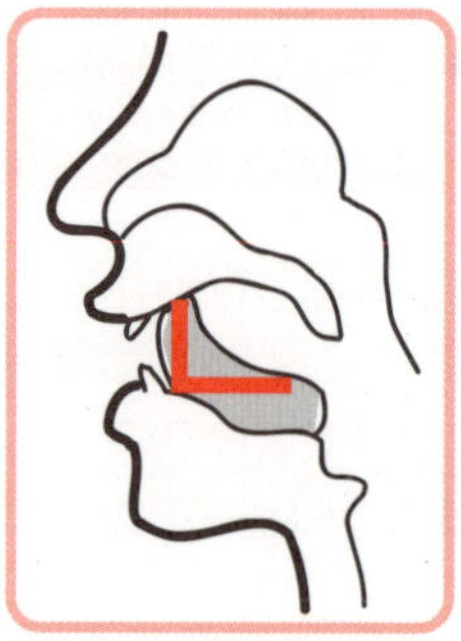

な行を表すㄴは、「ナ」と発音するときに、舌先が上の歯茎の裏にくっつく形を表しています。

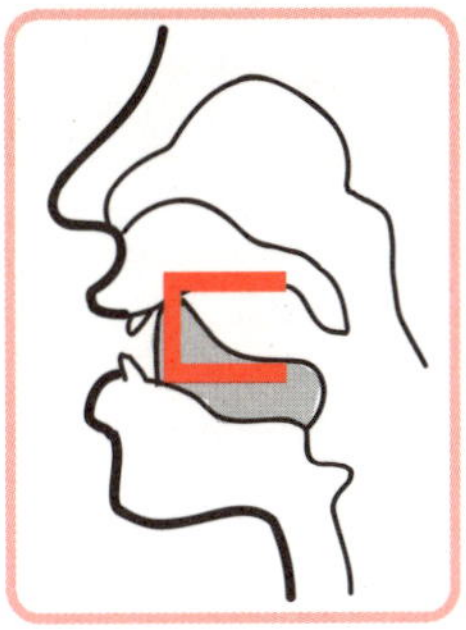

た行を表す**ㄷ**は、実は**ㄴ**に横棒を一本足したもの。「タ」と発音するとわかりますが、「ナ」と同様舌先が上の歯茎の裏にくっつきます。

ま行を表す**ㅁ**は、「マ」と言うときに口がいったん閉じる形を表しています。

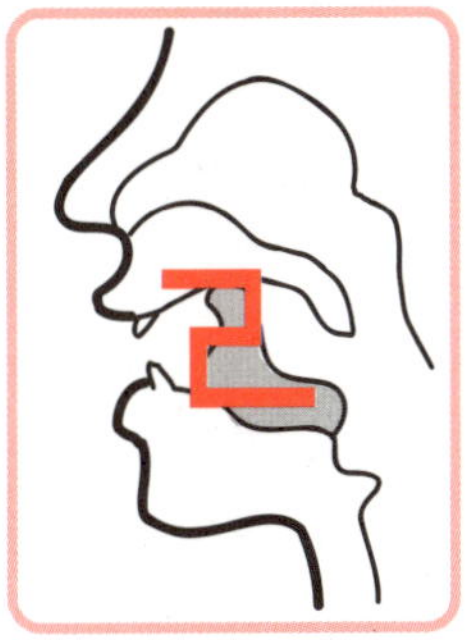

ら行を表す**ㄹ**は、「ラ」と言うときに、舌が上あごにくっつく形を表します。

それぞれのパーツは非常にシンプルにできているので、パーツを見ただけで口や舌の形を想像するのはむずかしいですが、これを覚えておくと、子音のパーツを早く覚えることができます。

■天、地、人を表す母音のパーツ

「あ·い·う·え·お」を表す母音のパーツは、子音と違って口の形を表したものではありません。ㅏ、ㅜ、ㅛといった母音の文字は、**天を表す「•」**、**地を表す「ㅡ」**、**人を表す「ㅣ」**の3つのパーツを組み合わせたものがルーツになっています。このうち、「•」は時代とともに単なる点から短い線に変わり、ㅣ•はㅏ、ㅡ̇ はㅗといった形になりました。「•」は、今は基本的に使われていませんが、時々、歴史的な事柄を表すときに使われることがあります。

書体の違いによるハングルの違い

日本語の書体と同様、韓国語にも明朝体とゴシック体がありますが、明朝体とゴシック体では、文字の形が微妙に異なるパーツがあるので注意が必要です。その中でも、比較的違いが大きく、混乱しやすいパーツは、子音「ㅈ(j)」、「ㅊ(ch)」、無声子音「ㅇ」です。

■子音「ㅈ」、「ㅊ」はこう違う

明朝体は、筆で書いた文字がもとになっているので、ㅈもㅊも、横棒から左下への“はらい”を一筆で書くようにデザインされています。ちょうど日本語のカタカナの「ス」のような形です。一方ゴシック体では、主にコンピュータで使われる整然としたデザインなので、子音の形が左右対称になっています。

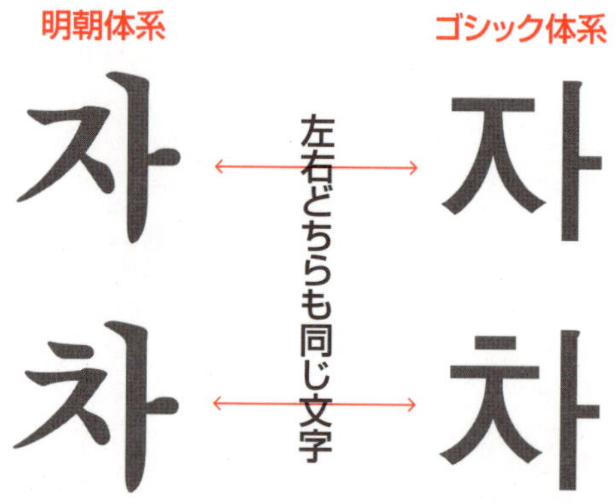

※ㅊの音は、p.54で勉強します。

■無声子音「ㅇ」はこう違う

ㅇの文字も、明朝体は、最初に筆を置く位置が文字の上の点となって表現されています。日本語でも、明朝体は最後に筆を止める“止め”がありますが、それと似たようなものです。

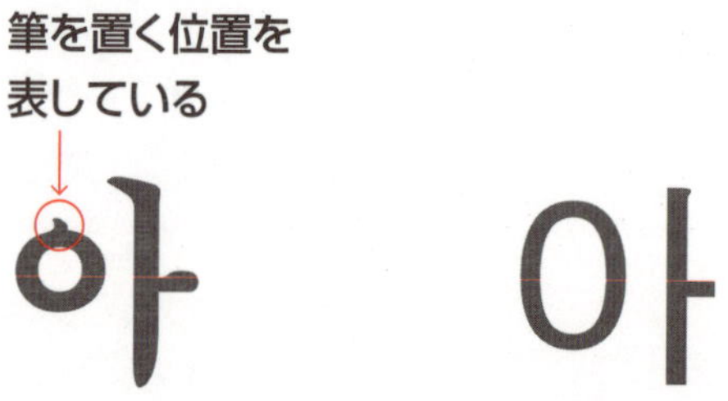

ハングルの“はらい”や“止め”は、日本語と同様、ペンや鉛筆で書くときには気にする必要はありません。読者が混乱しないよう、本書はゴシック体で統一しています。

練習問題2

問題

日本語とほぼ同じ音を表しているハングルをA～Cの中から選んでください。

①この子どこの子？

A: 고노고노도노고?

B: 고노고도고노고?

C: 고도고노고노고?

②なかなか鳴かないカラスが鳴いた。

A: 나가나가나가나가가라수가나가다.

B: 나가나가나가라가라수나가이나다.

C: 나가나가나가나이가라수가나이다.

③楽々一人でできました。

A: 라구라구히도리데데기마시다.

B: 라구라구히로디레레기마시다.

C: 라고라고히두리데게기마시다.

④春はあけぼの。ようよう白くなりゆく。

A: 하루와아게보노.요우요우시로구나리유구.

B: 하루와아기부누.야우야우시로구다리유구.

C: 하루와아게부누.요우요우히로구나리유구.

解答

① B　② C　③ A　④ A

パズルで遊ぼう

①あ段、う段の音を持つハングルを塗りつぶすと、ある絵が浮かび上がります。その絵とは何でしょうか?

A 犬　**B** 鳥

디	기	니	다	에	니	이	노	니	시	데	우	에	디	모
데	시	마	히	누	고	레	세	메	도	가	미	두	모	소
고	수	세	데	헤	두	에	시	모	라	게	도	호	사	니
구	니	디	나	세	이	아	누	수	시	소	구	네	노	나
누	미	호	게	소	헤	게	호	노	소	에	세	메	헤	다
하	헤	도	시	게	니	미	기	데	니	시	게	도	노	라
가	데	로	에	디	메	도	세	도	소	네	리	이	모	두
두	고	디	도	아	시	세	도	히	이	다	시	호	세	루
나	레	메	기	이	네	이	오	모	미	도	헤	데	로	아
라	도	도	네	노	기	소	이	오	소	리	디	레	디	하
후	노	이	레	소	로	하	마	구	레	히	시	오	디	무
우	메	시	호	사	헤	데	우	히	소	아	세	호	기	두
고	무	히	오	로	우	하	이	나	누	리	데	게	후	니
디	도	두	데	고	기	디	고	호	시	히	노	라	미	소
세	기	네	수	가	사	루	나	구	누	마	구	도	시	이

②か行、な行、た行、ら行の音を持つハングルを塗りつぶすと、ある絵が浮かび上がります。その絵とは何でしょうか?

A 自動車　**B** ヨット

시	우	하	에	이	메	레	수	후	오	마	아	호	유	우
무	히	오	소	미	호	누	고	수	메	사	히	세	에	소
세	우	헤	사	소	다	구	하	다	미	이	후	모	우	모
모	야	마	후	마	게	나	헤	사	가	에	우	미	메	히
이	아	헤	야	다	이	로	소	에	이	구	헤	이	미	유
오	히	시	메	리	메	기	사	소	소	헤	가	아	시	모
모	세	무	고	소	수	가	히	우	오	모	이	두	오	하
헤	호	에	게	오	무	게	에	미	세	마	오	소	디	아
미	마	니	요	수	이	구	우	히	소	호	히	아	구	다
하	소	네	니	후	마	라	히	아	미	모	디	다	야	에
아	이	사	오	나	레	도	메	노	루	고	시	이	요	메
유	우	세	아	호	우	누	게	소	헤	수	마	요	아	유
오	가	레	루	기	디	다	라	게	가	니	도	나	모	야
헤	세	에	구	시	야	미	하	이	에	호	세	기	사	세
미	아	사	시	기	디	루	라	도	가	구	나	오	마	시

解答

① A

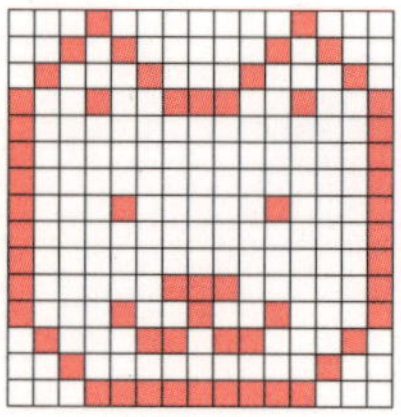

② B

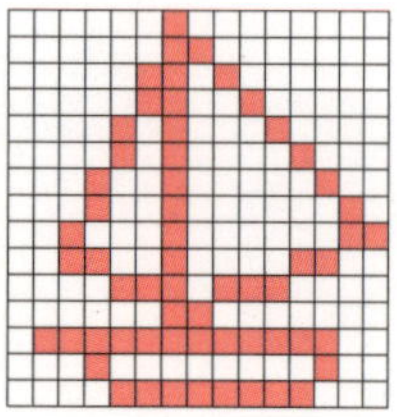

PART 2

ハングルの基礎

このPARTでは、ハングルを基礎からしっかり学びます。PART 1よりもたくさんの文字と発音が登場しますが、基本的なしくみはPART 1で学んだとおり。CDをしっかり聞いて、ゆっくり着実に練習していきましょう。

特徴

ハングルのしくみ

ここまでは、とりあえず書いて慣れることを目的に、日本語の50音とローマ字を利用して、ハングルのしくみを理解する練習をしてきました。

いよいよこのPARTでは、「韓国語の文字＝ハングル」を基本からきちんと勉強していきます。

★母音と子音の組み合わせ

韓国語は、豊かな音を持つ言葉です。たとえば、日本語の母音は、「あ·い·う·え·お」の5種類が基本ですが、韓国語の**母音は21種類**もあります。子音も、日本語の基本子音9種類に対し、韓国語の**子音は19種類**。また、日本語は「子音＋母音」という音の繰り返しですが、韓国語には「子音＋母音」のほか、「子音＋母音＋子音」、さらには「子音＋母音＋子音＋子音」という音があり、フランス語のようにリエゾン（連音化）も頻繁に起こります。

このように、韓国語は発音が複雑な言葉ですが、ハングルはその韓国語を実に合理的に書き表すことができます。そんなハングルの特徴をまとめてみます。

特徴 1 構造がローマ字に似ている

PART 1で学習したとおり、ハングルは構造がローマ字と似ていて、**「子音のパーツ」＋「母音のパーツ」の組み合わせ**で書き表します。

●子音と母音が横にくっつくもの

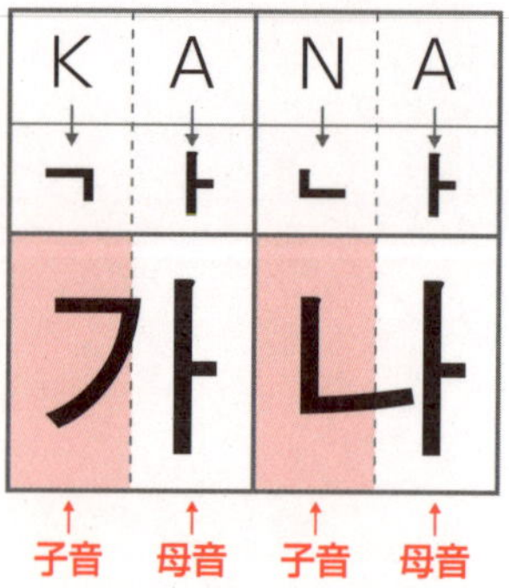

●子音と母音が縦にくっつくもの

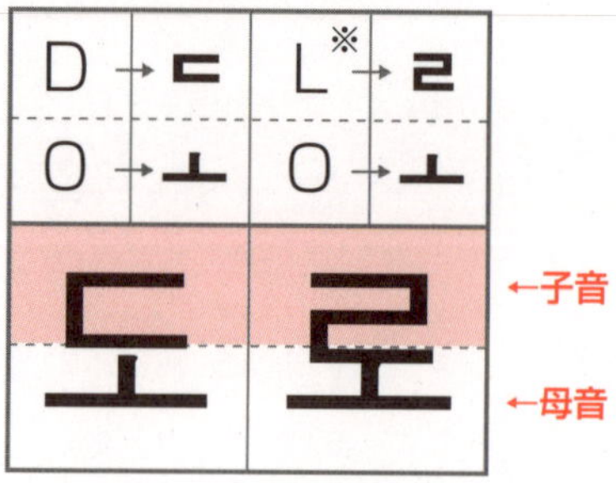

※「ㄹ」の発音は、PART 1ではローマ字の「R」で表記していましたが、PART 2以降は本来の発音により近い「L」で説明します。また、「ㅈ」は、PART 1では「Z」で表記していましたが、PART 2以降は「J」で説明します。

特徴 2 組み合わせ方はいろいろ

PART 1では、ハングルのパーツは2つずつ組み合わせましたが、実は、3つ(時には4つ)のパーツを組み合わせて1つの文字になることもあります。パーツの組み合わせ方には、基本となる

子音+母音

の他に、

子音+母音+子音
子音+母音+子音+子音

という組み合わせ方があります。何のことだかわからなくなった方、ちょっとここで、もう一度日本語に当てはめて考えてみましょう。

たとえば、日本語で、「缶(かん)」と言ったとき。「ん」は「あ・い・う・え・お」のどのグループにも属しません。子音(n)だけの音です。日本語の場合はこれだけですが、韓国語には、このような「**母音がつかない音**」がたくさんあるのです。では、この「かん」という音をハングルで書いてみましょう。

か		ん
K	A	N
ㄱ	ㅏ	ㄴ
가		ㄴ

もう簡単ですね。**가**(か) ㄴ(ん)となりました。でも、これではおかしいですね。ハングルは**2つ以上のパーツを組み合わせる**ルールなので、ㄴ 1つだけでは文字になれません。

母音のないひとりぼっちの子音は、前の文字の下にくっつくという性質を持っています。「ん」についてはp.18で説明していますが、以下のように「子音+母音+子音」の文字を作ります。

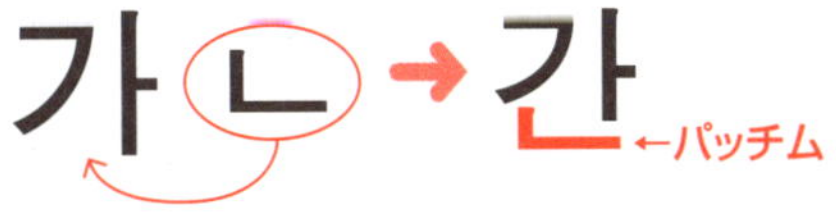

こうして「カン」ができあがりました。このとき、文字の下にくっついた子音を「パッチム」と言います。パッチムについてはまた後ほどきちんと勉強することにして(p.65)、まずは韓国語の基本的な子音と母音を学んでいくことにします。ちなみに「缶」は、韓国語では「**캔**(ケン)」といいます。

母 音

基本母音をマスターしよう

日本語の母音は「あ・い・う・え・お」の5つですが、韓国語の母音は21個もあります。ちょっと大変そうですが、基本的な母音は10個で、残りの11個は母音を2つ組み合わせたものなので、まずは基本母音10個をしっかり覚えましょう。

★基本母音は、発音の方法によって次の3グループに分類できます。

① 口を大きく開けて出す音

② 口をタコのようにすぼめて出す音

③ 口を横に「いーっ」と開けて出す音

グループ	母音	文字	読み	説明
①	ㅏ	아	ア	日本語の「あ」とほぼ同じでOKです。
①	ㅑ	야	ヤ	これも、日本語の「や」とほぼ同じです。
①	ㅓ	어	オ	「あ」の口の形をして「お」と言う感じ。口を大きく開け、舌を少し引っこめる。
①	ㅕ	여	ヨ	「あ」の口の形をして「よ」と言う感じ。口を大きく開け、舌を少し引っこめる。
②	ㅗ	오	オ	日本語の「お」とほぼ同じですが、口をタコのように大げさにすぼめる感じです。
②	ㅛ	요	ヨ	日本語の「よ」とほぼ同じで、これも口をすぼめて突き出す感じに発音します。
②	ㅜ	우	ウ	日本語の「う」とだいたい同じです。口をすぼめて突き出すようにして発音しましょう。
②	ㅠ	유	ユ	日本語の「ゆ」とほとんど同じです。これも、口をすぼめて突き出します。
③	ㅡ	으	ウ	子供が「い〜っだ」と言うように、口を横に思い切り広げて、「う」と言います。
③	ㅣ	이	イ	日本語の「い」とだいたい同じで、歯を人に見せるように、口を横に広げます。

※母音の発音を練習するときは、「子音はありません」という意味の無声子音「ㅇ」をつけて練習します。

※母音は、文字の右側か下にくっつき、横棒（ㅡ）か縦棒（ㅣ）の形をしています。斜めの棒、丸、四角い母音はありません。

書いてみよう

CDを聞きながら基本母音を書き取ってみましょう。母音の左側／上側には、**無声子音（ㅇ）をつけてあります。**

CD 2

아 ア	→	아							
야 ヤ	→	야							
어 オ	→	어							
여 ヨ	→	여							
오 オ	→	오							
요 ヨ	→	요							
우 ウ	→	우							
유 ユ	→	유							
으 ウ	→	으							
이 イ	→	이							

子音

基本子音をマスターしよう

韓国語の子音は全部で19個。しかし基本となる子音はわずか9個しかありません。残りの10個は、基本子音のバリエーションともいうべき音なので、9個の基本子音さえ覚えれば、ハングルマスターへの道のりは、もう半分まで来たと言えるでしょう。

★子音は、もともとは発音するときの口と舌の形を図柄にしたものです（p.32〜33参照）。現在のハングルを見て、もととなった口の形を想像するのは難しいですが、500年前の人々の工夫には感心させられます。発音は、どれも日本語の発音とよく似ており、むずかしくありません。

ㄱ	가	カ／ガ	日本語の「か」「が」と同じです。
ㄴ	나	ナ	日本語の「な」と同じです。
ㄷ	다	タ／ダ	日本語の「た」「だ」と同じです。
ㄹ	라	ラ	日本語の「ら」と同じです。巻き舌にならないように注意しましょう。
ㅁ	마	マ	日本語の「ま」と同じです。
ㅂ	바	パ／バ	日本語の「ぱ」「ば」と同じです。
ㅅ	사	サ	日本語の「さ」と同じです。
ㅇ	아	ア	何も発音しません。母音だけ（左の文字の場合は「あ」）を発音します。
ㅈ	자	チャ／ジャ	日本語の「ちゃ」、あるいは「じゃ」のように発音します。

※子音の発音を練習するときは、「あ」に当たる「ㅏ」をつけて練習します。

★読みが2つある文字は、単語の先頭に来た場合は左側（濁点がつかない）、単語の中または最後にある場合は右側（濁点がつく）のように発音します。

書いてみよう

CDを聞きながら基本子音を書き取ってみましょう。子音の右側には、**「あ」に当たる母音（ㅏ）をつけてあります。** CD 3

가 カ／ガ	→	가
나 ナ	→	나
다 タ／ダ	→	다
라 ラ	→	라
마 マ	→	마
바 パ／バ	→	바
사 サ	→	사
아 ア	→	아
자 チャ／ジャ	→	자

●ひとことポイント

日本語では、50音のことを子音の並び順に「あかさたな」と言いますが、韓国でも子音の並び順に「カナダラ」と言います。何か物事を初歩からはじめるとき、「カナダラからはじめる」と言うわけです。「イロハからはじめる」みたいなものですね。

子音+母音

基本子音と基本母音の組み合わせ

基本子音と基本母音を組み合わせて、文字を作ります。PART 1でも何度も出てきたので、むずかしいことはありません。復習のつもりで、書き順もしっかり確認しましょう。なお、「ㅏ,ㅓ,ㅣ」などの縦棒系の母音は子音の右側に、「ㅗ,ㅜ,ㅡ」などの横棒系の母音は、子音の下に書きます。

基本子音 \ 基本母音	ㅏ	ㅑ	ㅓ	ㅕ	ㅗ	ㅛ	ㅜ	ㅠ	ㅡ	ㅣ
ㄱ	가 カ	갸 キャ	거 コ	겨 キョ	고 コ	교 キョ	구 ク	규 キュ	그 ク	기 キ
ㄴ	나 ナ	냐 ニャ	너 ノ	녀 ニョ	노 ノ	뇨 ニョ	누 ヌ	뉴 ニュ	느 ヌ	니 ニ
ㄷ	다 タ	댜 テャ	더 ト	뎌 テョ	도 ト	됴 テョ	두 トゥ	듀 テュ	드 トゥ	디 ティ
ㄹ	라 ラ	랴 リャ	러 ロ	려 リョ	로 ロ	료 リョ	루 ル	류 リュ	르 ル	리 リ
ㅁ	마 マ	먀 ミャ	머 モ	며 ミョ	모 モ	묘 ミョ	무 ム	뮤 ミュ	므 ム	미 ミ
ㅂ	바 パ	뱌 ピャ	버 ポ	벼 ピョ	보 ポ	뵤 ピョ	부 プ	뷰 ピュ	브 プ	비 ピ
ㅅ	사 サ	샤 シャ	서 ソ	셔 ショ	소 ソ	쇼 ショ	수 ス	슈 シュ	스 ス	시 シ
ㅇ	아 ア	야 ヤ	어 オ	여 ヨ	오 オ	요 ヨ	우 ウ	유 ユ	으 ウ	이 イ
ㅈ	자 チャ	쟈 チャ	저 チョ	져 チョ	조 チョ	죠 チョ	주 チュ	쥬 チュ	즈 チュ	지 チ

書いてみよう

CDを聞き、発音しながら、以下の文字を書いてみましょう。

CD 4

가 カ	가		나 ナ	나		다 タ	다	
갸 キャ	갸		냐 ニャ	냐		댜 テャ	댜	
거 コ	거		너 ノ	너		더 ト	더	
겨 キョ	겨		녀 ニョ	녀		뎌 テョ	뎌	
고 コ	고		노 ノ	노		도 ト	도	
교 キョ	교		뇨 ニョ	뇨		됴 テョ	됴	
구 ク	구		누 ヌ	누		두 トゥ	두	
규 キュ	규		뉴 ニュ	뉴		듀 テュ	듀	
그 ク	그		느 ヌ	느		드 トゥ	드	
기 キ	기		니 ニ	니		디 ティ	디	

書いてみよう

CDを聞き、発音しながら、以下の文字を書いてみましょう。

CD 5

라	ラ	라		마	マ	마		바	パ	바	
랴	リャ	랴		먀	ミャ	먀		뱌	ピャ	뱌	
러	ロ	러		머	モ	머		버	ポ	버	
려	リョ	려		며	ミョ	며		벼	ピョ	벼	
로	ロ	로		모	モ	모		보	ポ	보	
료	リョ	료		묘	ミョ	묘		뵤	ピョ	뵤	
루	ル	루		무	ム	무		부	プ	부	
류	リュ	류		뮤	ミュ	뮤		뷰	ピュ	뷰	
르	ル	르		므	ム	므		브	プ	브	
리	リ	리		미	ミ	미		비	ピ	비	

書いてみよう

CDを聞き、発音しながら、以下の文字を書いてみましょう。

CD 6

사 サ	아 ア	자 チャ
샤 シャ	야 ヤ	쟈 チャ
서 ソ	어 オ	저 チョ
셔 ショ	여 ヨ	져 チョ
소 ソ	오 オ	조 チョ
쇼 ショ	요 ヨ	죠 チョ
수 ス	우 ウ	주 チュ
슈 シュ	유 ユ	쥬 チュ
스 ス	으 ウ	즈 チュ
시 シ	이 イ	지 チ

練習問題3

CDの音を聞いて、その音をハングルで表す練習です。**Level 1**から**3**まで、少しずつむずかしくなっていきますが、じっくり音を聞いて挑戦してみましょう。もし間違えたら、p.40に戻って復習してください。

Level 1

CD 7

CDの発音と同じハングル文字をA～Cの中から選びましょう。

① A: 나	B: 노	C: 누
② A: 시	B: 사	C: 소
③ A: 기	B: 고	C: 그
④ A: 료	B: 류	C: 랴
⑤ A: 아	B: 사	C: 자
⑥ A: 다	B: 바	C: 가
⑦ A: 기	B: 미	C: 지
⑧ A: 브	B: 므	C: 으

Level 2

CD 8

今度は、CDの発音と同じハングルを自分で書いてみましょう。
すべてハングル1文字の音です。まずは、簡単な音で練習しますので、ここではむずかしい어,여,으の母音は出てきません。

①	②	③
④	⑤	⑥
⑦	⑧	⑨
⑩	⑪	⑫

Level 3

CD 9

今度は、少しだけむずかしい聞き取り問題になります。
まずは、**어**と**오**、**여**と**요**、**우**と**으**を聞き分けられるように、例1）～3）をよく聞いてから、問題に挑戦。聞き取ったハングルを書いてください。

例1）A: 어 B: 오　例2）A: 여 B: 요　例3）A: 우 B: 으

① □　② □　③ □
④ □　⑤ □　⑥ □
⑦ □　⑧ □　⑨ □

解答

Level 1

①B ②A ③A ④C ⑤A ⑥C ⑦B ⑧C

Level 2

①아 ②나 ③다 ④무 ⑤이 ⑥소 ⑦야 ⑧지 ⑨뉴
⑩보 ⑪뮤 ⑫시

Level 3

①어 ②우 ③으 ④고 ⑤거 ⑥구 ⑦셔 ⑧쇼 ⑨소

カンタン単語 その1

人・動物・植物の単語

ここまで、ハングルのごく基本的な文字だけを練習してきましたが、実は、これだけで覚えられる単語がたくさんあります。

●ひとことポイント

「私」を表す単語が2つありますが、**나**（ナ）は友だち同士で使う気軽な言葉、**저**（チョ）は目上の人などに丁寧に言うときの言葉です。韓国語には尊敬語や謙譲語、丁寧語があり、この点でも日本語に似ています。日本語ほど複雑ではないので、あまり心配しなくても大丈夫です。

書いてみよう

CDを聞き、発音しながら単語を書いてみましょう。
基本子音と基本母音だけでできたカンタン単語です。

CD 10

①	私	나 나	저 저
②	私たち	우리 우리	
③	子供	아이 아이	
④	赤ちゃん	아기 아기	
⑤	牛	소 소	
⑥	蝶	나비 나비	
⑦	木	나무 나무	
⑧	ゆり	나리 나리	
⑨	稲	벼 벼	

カンタン単語その2

街・モノの単語

基本的な文字だけで覚えられる単語は、まだまだたくさんあります。もう少し勉強してみましょう。

●ひとことポイント

上の単語のうち、「道路」や「都市」は、日本語も韓国語もほとんど発音が同じ。これらの単語はもともと中国から来たもので、韓国語でも昔は漢字で書いていました。このように、漢字からできた単語を漢字語といい、日本語と発音がそっくりな単語がたくさんあります。

一方、「海」などは発音が全然違います。これらの単語は、昔から韓国にあった言葉で、漢字で書くことができません。こうした単語を固有語といいます。

書いてみよう

CDを聞き、発音しながら単語を書いてみましょう。
基本子音と基本母音だけでできたカンタン単語です。

CD 11

①	都市	도	시	도	시
②	雨	비		비	
③	海	바	다	바	다
④	湖	호	수	호	수
⑤	道路	도	로	도	로
⑥	歩道	보	도	보	도
⑦	交差点	사거리		사거리	
⑧	バス	버	스	버	스
⑨	橋	다	리	다	리

激音

激音をマスターしよう

子音には、基本的な子音のほかに激音、濃音と呼ばれるものがあります。まずは、激音を勉強しましょう。

激音とは?

息を吐き出しながら言う音です。お腹から強く息を吐き出しながら発音します。激音は5つあり、そのうち4つは基本母音（平音とも言います）が少し変化した文字&発音です。平音とは異なり、濁音になることはありません。

★激音は、だいたい平音のパーツに点か線を加えた形をしています。

平音		激音	平音		激音
ㄱ	→	ㅋ	ㄷ	→	ㅌ
ㅂ	→	ㅍ	ㅈ	→	ㅊ

子音	文字	読み	説明
ㅋ	카	カ	「カッ!」とお腹から息を強く吐き出すように発音します。
ㅌ	타	タ	「タッ!」とお腹から息を強く吐き出すように発音します。
ㅍ	파	パ	「パッ!」とお腹から息を強く吐き出すように発音します。
ㅊ	차	チャ	「チャッ!」とお腹から息を強く吐き出すように発音します。
ㅎ	하	ハ	「ハッ!」とお腹から息を強く吐き出すように発音します。

書いてみよう

激音を例えて言うなら、「忍者が吹き矢をフッ!と飛ばすときの息の吐き方」という感じ。目の前のろうそくの火が消える?くらいの息で。

CD 12

카 カ!	→	카							
키 キ!	→	키							
타 タ!	→	타							
터 ト!	→	터							
파 パ!	→	파							
포 ポ!	→	포							
차 チャ!	→	차							
추 チュ!	→	추							
하 ハ!	→	하							
히 ヒ!	→	히							

濃音

濃音をマスターしよう

激音の次は濃音を勉強します。濃音を覚えれば、子音の勉強はおしまいです。

濃音とは?

濃音は、激音とは違って息を吐き出さず、逆に**息を止めて絞りだすように発音する音**です。濃音は5つあり、激音と同様、平音（基本母音）の音が変化したものです。これも、濁音になることはありません。

★濃音は、どれも平音のパーツを横に2つ並べた形をしています。

平音	濃音	平音	濃音	平音	濃音
ㄱ →	ㄲ	ㄷ →	ㄸ	ㅂ →	ㅃ
ㅅ →	ㅆ	ㅈ →	ㅉ		

ㄲ 까 ッカ 「ッカ」と、前に小さいツをつけて、息を止めて絞りだすように発音します。

ㄸ 따 ッタ 「ッタ」と、前に小さいツをつけて、息を止めて絞りだすように発音します。

ㅃ 빠 ッパ 「ッパ」と、前に小さいツをつけて、息を止めて絞りだすように発音します。

ㅆ 싸 ッサ 「ッサ」と、前に小さいツをつけて、息を止めて絞りだすように発音します。

ㅉ 짜 ッチャ 「ッチャ」と、前に小さいツをつけて、息を止めて絞りだすように発音します。

書いてみよう

わかりにくい濃音ですが、イメージするなら「ものをのどに詰まらせて発音する」ような感じ。詰まったのどから、声を絞りだします。

CD 13

까 ッカ	→	까							
끼 ッキ	→	끼							
따 ッタ	→	따							
떠 ット	→	떠							
빠 ッパ	→	빠							
뽀 ッポ	→	뽀							
싸 ッサ	→	싸							
쑤 ッス	→	쑤							
짜 ッチャ	→	짜							
찌 ッチ	→	찌							

音の
聞き分け

平音、激音、濃音を聞き分けよう

平音と激音、濃音はそれぞれ親戚の文字で、見た目も発音もよく似ていてちょっと紛らわしいので、少し時間をかけてじっくり勉強します。

まずCDを聞きます。最初は書き取らずに、「平音→激音→濃音」の流れを見ながら、よく聞いてください。よくわからなくても気にすることはありません。中･上級の学習者でも、この3つを聞き分けるのはちょっと大変です。

何となく、それぞれ違って聞こえることがわかったら、今度は自分で発音しながら、1回ずつ書いてみましょう。

平音、激音、濃音のポイント

- 普通に発音する平音
- 息がフッと吐き出される音が聞こえる激音
- 最初に小さい「ツ」が入り、ものをのどに詰まらせて発音する感じで聞こえる濃音

書いてみよう

CD 14

▼平音		▼激音		▼濃音		▼平音		▼激音		▼濃音
가 カ	→	카 カ!	→	까 ッカ	➜		→		→	
다 タ	→	타 タ!	→	따 ッタ	➜		→		→	
바 パ	→	파 パ!	→	빠 ッパ	➜		→		→	
사 サ		———	→	싸 ッサ	➜			———	→	
자 チャ	→	차 チャ!	→	짜 ッチャ	➜		→		→	

書いてみよう

CD 15

▼平音	▼激音	▼濃音		▼平音	▼激音	▼濃音
고 コ →	코 コ! →	꼬 ッコ	→	→	→	
도 ト →	토 ト! →	또 ット	→	→	→	
보 ポ →	포 ポ! →	뽀 ッポ	→	→	→	
소 ソ →		쏘 ッソ	→	→		
조 チョ →	초 チョ! →	쪼 ッチョ	→	→	→	

練習問題4

ヒアリング1

CD 16

CDの発音と同じハングル文字をA～Cの中から選びましょう。

① A: 가　B: 카　C: 까
② A: 부　B: 푸　C: 뿌
③ A: 지　B: 치　C: 찌
④ A: 도　B: 토　C: 또
⑤ A: 갸　B: 캬　C: 꺄
⑥ A: 주　B: 추　C: 쭈

解答

① B(激)　② A(平)　③ C(濃)　④ B(激)　⑤ A(平)　⑥ B(激)

ヒアリング 2

CD 17

次は、CDを聞き、激音か濃音かを聞き分けて書く練習です。
1回書いてみて、答え合わせをしてから、残りの欄で書き取りの練習をしましょう。なるべく声に出して、発音の練習をしながら書いてください。

	▼平音	▼？音		▼書き取り練習			
①	가 →		➜				
②	도 →		➜				
③	부 →		➜				
④	저 →		➜				
⑤	구 →		➜				
⑥	디 →		➜				
⑦	보 →		➜				
⑧	자 →		➜				

解答

①카（激）②또（濃）③뿌（濃）④처（激）⑤꾸（濃）⑥티（激）⑦포（激）⑧차（激）

韓国語にはない文字

ハングルはとても合理的にできており、また韓国語も多彩な音を発音することができますが、日本語では当たり前のように発音されているのに、韓国語ではどうしても書き表せない音もあります。その代表が、「ざ・ず・ぜ・ぞ」の音。ローマ字で書くと「ZA・ZU・ZE・ZO」となりますが、韓国語にはこのZの音がなく、Jの音で代用するしかありません。また、「つ」、つまり「TSU」の音もありません。ですから、韓国の人が日本語を話すと、「あちゅいですね（暑いですね）」「じぇんじぇんありません（全然ありません）」といった赤ちゃん言葉?のような発音になってしまいます。日本で人気のタレント、ユン・ソナは大変日本語が上手ですが、彼女の話し方がかわいらしく聞こえるのは、このZの発音のおかげでもあります。テレビで見る機会があったら、よーく聞いてみましょう。

さて、韓国語には「つ」の発音がないのですが、最近は「つ」を「**쓰**（ッス）」と書くのが定着しています。とんかつが「トンカス(**돈까쓰**)」となってしまうのは、p.20で説明した通りですが、ニューヨークヤンキースの松井秀喜も、「**마쓰이 히데키**（マッスイ ヒデキ）」と書きます。日本人としては、「**돈까츠**（トンカチュ）」、「**마츠이 히데키**（マチュイ ヒデキ）」のほうが、まだ実際の発音に近いような気もするのですが、韓国の人の耳には日本人とは違って聞こえるのかもしれませんね。

複合母音

複合母音を理解しよう

ここで勉強するのは、2つの母音を組み合わせた「複合母音」です。11個もあるので、大変そうに見えますが、実際には基本の母音をきちんと覚えていれば、すぐに理解できます。

「エ」、「イェ」、「ウェ」、「ウィ」といった具合に、ほとんど同じ発音が多いです。もとは別の音でしたが、最近ではほとんど同じになってきました。

ㅐ	애	エ	日本語の「え」よりやや口を大きく開けます。
ㅒ	얘	イェ	口を大きく開けて「い」と「え」を同時に言う感じです。
ㅔ	에	エ	日本語の「え」とほぼ同じです。
ㅖ	예	イェ	日本語の「い」と「え」を同時に言う感じです。
ㅘ	와	ワ	日本語の「わ」とほぼ同じです。
ㅙ	왜	ウェ	「ㅗ(オ)」と「ㅐ(エ)」を同時に言う感じです。
ㅚ	외	ウェ	「ㅜ(ウ)」と「ㅔ(エ)」を同時に言う感じです。
ㅝ	워	ウォ	「ㅜ(ウ)」と「ㅓ(オ)」を同時に言う感じです。
ㅞ	웨	ウェ	「ㅜ(ウ)」と「ㅔ(エ)」を同時に言う感じです。
ㅟ	위	ウィ	「ㅜ(ウ)」と「ㅣ(イ)」を同時に言う感じです。
ㅢ	의	ウィ	「ㅡ(ウ)」と「ㅣ(イ)」を同時に言う感じです。

※母音の発音を練習するときは、「子音はありません」という意味の無声子音「ㅇ」をつけて練習します。

書いてみよう

１１個もある複合母音ですが、頻繁に使うのは、「에」「예」「와」「왜」「의」の5つです。この5つの文字から覚えるようにしましょう。

CD 18

애 (エ)	→	애							
얘 (イェ)	→	얘							
에 (エ)	→	에							
예 (イェ)	→	예							
와 (ワ)	→	와							
왜 (ウェ)	→	왜							
외 (ウェ)	→	외							
워 (ウォ)	→	워							
웨 (ウェ)	→	웨							
위 (ウィ)	→	위							
의 (ウィ)	→	의							

書いてみよう

複合母音でよく使われる文字を練習します。子音と母音のバランスにも注意して、きれいに書くようにしましょう。

CD 19

文字		練習							
세 セ	→	세							
례 リェ	→	례							
과 クァ	→	과							
왜 ウェ	→	왜							
의 ウィ	→	의							
회 フェ	→	회							
궈 クォ	→	궈							
궤 クェ	→	궤							

★複合母音のある文字を上手に書くには

애 얘 에 예 … 普通に横に並べて書く

와 왜 외 워 웨 위 의 … 子音の下のパーツを書いてから、右側のパーツを書く

①まず子音を書き、

②子音の下に複合母音の左側のパーツを書き、

워

③最後に右側のパーツを書く

各パーツの位置が大切

○ 워　× 워

終声（パッチム）

パッチムを理解しよう

これで文字の勉強は終わります。p.39で簡単に触れましたが、韓国語に欠かせない「パッチム」の勉強をしましょう。

パッチムとは？

「パッチム」は「終声」とも言い、**「子音+母音+子音」という組み合わせの文字の、最後の子音**を表します。パッチムは、文字の下にくっつけて書きます。どういう音になるのか、イメージしづらいと思いますが、具体的に説明しましょう。

子音↓ ↓母音
각
子音↑
＝パッチム

パッチムになったときの音

文字	パッチムになったときの音	説明
각 갂 갘	ㄱ (k)	「閣下」と言おうとして、最後の「か」を言う直前にやめる感じの、「かっ…」の音になります。
간	ㄴ (n)	「堪忍」と言うつもりで、「かん…」でやめる感じの音。舌が上の前歯の裏にくっつきます。
갇 갓 갖 갗 갈 갛 갔	ㄷ (t)	全部tの音になります。「買った」と言うつもりで、「買っ…」まで言ってやめたときの音です。
갈	ㄹ (l)	「軽い」と言うつもりが、「る」を言う直前にやめる感じ。舌は上の歯茎の付け根に付きますが、巻き舌にはなりません。
감	ㅁ (m)	「甘味」と言おうとして、「み」を言う直前にやめる感じ。「ん」に近いですが、口が閉じます。
갑 갚	ㅂ (p)	「カップ」と言うつもりが、「プ」を言わずにやめる感じ。口は閉じます。
강	ㅇ (ng)	「観光」と言おうとして、「かん…」でやめる感じ。口は開きます。

★濃音を除き、ほとんどの子音がパッチムとして使われますが、発音は上記の7種類に変化します。とくに、今までは「何もない、ゼロ」の意味として使ってきた「ㅇ」が、ここでは「ng」の音として使われるので注意しましょう。

書いてみよう

日本語には、子音で終わる音は「ん」しかないので、韓国語のパッチムを聞き取ったり発音するには、とにかく「慣れ」が必要です。

CD 20

락 ラク	→	락
난 ナン	→	난
믿 ミッ	→	믿
임 イム	→	임
살 サル	→	살
강 カン	→	강
못 モッ	→	못
동 トン	→	동
갑 カプ	→	갑
욕 ヨク	→	욕

●ひとことポイント

カタカナ読みの、小さい文字がパッチムの発音です。いずれも、小さな文字は言うふりだけして止める、というような感じになります。

★子音が2つつく「トゥルパッチム」

パッチムに、2つの子音を書く「トゥルパッチム」もあります。このとき、文字を単体で読む場合は、左右どちらかの子音のみを発音します。

ㄳ ㄵ ㄶ ㄽ ㅀ ㄾ ㅄ … 左側の子音を読む
ㄺ ㄻ ㄼ ㄿ … 右側の子音を読む

없다（無い） 읽다（読む）
オㇷ゚タ イㇰタ

すぐ後ろに이、으といった母音が付く場合は、左右両方の子音を発音し、右側の子音は次の母音とリエゾンします。

없어요.（無いです） 읽어요.（読みます）
オㇷ゚ソヨ イㇽゴヨ

トゥルパッチムは数が少ないので、単語ごとに覚えればよいでしょう。

練習問題5

ヒアリング1

CD 21

日本人が聞き分けるのがとくにむずかしい音を聞き取る練習です。
どれも同じ「カン」「ハン」という音に聞こえるはず。

① 간 강 감
② 한 항 함

こうした音は、言葉を聞いたり話したりするうちに耳が覚えていきます。

ヒアリング2

CD 22

CDの発音と同じハングル文字をA～Cの中から選びましょう。

① A: 각 B: 간 C: 갈
② A: 숨 B: 숩 C: 술
③ A: 박 B: 받 C: 밤
④ A: 난 B: 낭 C: 남
⑤ A: 민 B: 밍 C: 밈
⑥ A: 한 B: 항 C: 함

解答 ①A ②C ③C ④A ⑤B ⑥C

発音のルール

発音の変化に挑戦

今までのページを勉強すれば、韓国の街の看板などにどんな言葉が書いてあるのか、だいたい読めるようになるはず。しかし、ハングルのルールはこれで終わりではありません。ここでは、実際に韓国語を話せるようになりたい人のために、発音のルールをいくつか紹介します。

ルール 1 ─ リエゾン（連音化）

韓国語の発音の大きな特徴が、フランス語と同様リエゾン（連音化）があることです。リエゾンとは、パッチムのある単語の次に母音が来ると、**パッチムと次の母音がくっついてひとつの音になる**こと。「일본어（日本語）」という単語を例に見てみましょう。

일본어 → 일보너
イル ボン オ　　イル ボ ノ

※この表記はリエゾンを説明するためのもので、実際にはこのように書くことはありません。

このように、韓国語の**子音と母音はくっつきたがる**性質を持っており、文章の中でもこのリエゾンは頻繁に起こります。「釜山では」というフレーズの場合も

釜山　で　は　　　釜山　で　は
부산에서 → 부사네서
プ サン エ ソ　　プ サ ネ ソ

※この表記はリエゾンを説明するためのもので、実際にはこのように書くことはありません。

というように、名詞と助詞がリエゾンします。「本（ほん）を買います」を、「ほの買います」と発音するようなもので、日本語にはない性質です。

・・・・・・・・・・・・・・・・・・・・・・・・・・・・

p.65で、パッチムになった子音は7種類の音になると書きましたが、リエゾンによって母音とくっつくと、その子音のパーツが持つ本来の音が復活します。

味　　　おいしい（味がある）　　光　　　光　は
맛 → 맛있다　　빛 → 빛은
マッ　　　マシッタ　　　　　　ピッ　　　ピチュン

ルール 2 鼻音化

パッチムがある韓国語では、子音の次にまた子音が来るケースがあります。日本人はもちろん、韓国人にとっても言いづらい発音があります。例えば、以下のハングルを読んでみてください。

박 물 관
パㇰ ムㇽ グァン

これは、「博物館」という意味ですが、読めましたか？ 最初の「パㇰ」と次の「ムㇽ」を続けて読むのがどうもむずかしいですよね。この単語は、実際には「パンムㇽグァン」と発音されます。このように、**ㄱの次にすぐㅁが来るときなどに、「鼻音化」と呼ばれる現象が起きます**。

パッチム		次の文字の最初の子音		パッチム		次の文字の最初の子音
ㄱ ㅋ ㄲ	+	ㄴ (n) ／ ㅁ (m)	→	ㅇ (ng)	+	ㄴ (n) ／ ㅁ (m)
ㄷ ㅌ ㅈ ㅊ ㅅ ㅆ ㅎ	+	ㄴ (n) ／ ㅁ (m)	→	ㄴ (n)	+	ㄴ (n) ／ ㅁ (m)
ㅂ ㅍ	+	ㄴ (n) ／ ㅁ (m)	→	ㅁ (m)	+	ㄴ (n) ／ ㅁ (m)
ㄱ ㅋ ㄲ	+	ㄹ (l)	→	ㅇ (ng)	+	ㄴ (n)
ㄷ ㅌ ㅈ ㅊ ㅅ ㅆ ㅎ	+	ㄹ (l)	→	ㄴ (n)	+	ㄴ (n)
ㅂ ㅍ	+	ㄹ (l)	→	ㅁ (m)	+	ㄴ (n)
ㅇ	+	ㄹ (l)	→	ㅇ (ng)	+	ㄴ (n)
ㅁ	+	ㄹ (l)	→	ㅁ (m)	+	ㄴ (n)

ルール 3 流音化

ㄴパッチムのすぐ次にㄹが来る、またはㄹパッチムのすぐ次にㄴが来ると、ㄴの音がㄹになります。要するに「**신라** シンラ（新羅）」が「**실라** シルラ」になる、ということ。日本人には、「ら」行の音が2回続くと発音しづらいですが、韓国の人たちは、このほうが発音しやすいそうです。

ルール 4 激音化

ㅎの前後にㄱ ㄷ ㅂ ㅈが来ると、ㄱ ㄷ ㅂ ㅈがㅋ ㅌ ㅍ ㅊに変わります。ただ、こうした音の変化は、いちいち意識して発音しても不自然になるので、最初のうちはあまり気にせずに、今の段階ではそういうルールがある、とだけ覚えておけばよいでしょう。

韓国独自のおもしろ「コングリッシュ」

日本に和製英語がたくさんあるように、韓国にも**Konglish**（コングリッシュ）と呼ばれる独自の外来語（のようなもの?）があります。なかには「ゴールデンタイム」のように日本と共通の言葉もありますが、韓国独自の表現をいくつか紹介しましょう。

개그맨 ゲグメン

日本語的に発音すれば「ギャグマン」。つまり「**コメディアン**」のことです。韓国では、日曜の夜9時からKBSで放送しているテレビ番組「ギャグコンサート」が人気です。これを見ると、「ああ、日曜日も終わりだなあ」と思うとか。

아이쇼핑 アイショッピン

「目の買い物」？ これは、想像すれば何となく意味がわかるのではないでしょうか。そう、何も買わずに、見るだけのショッピング。つまり「**ウインドウショッピング**」のことです。韓国人だけでなく、韓国で暮らしている日本人の間でも、普通に使われている言葉です。

미팅 ミーティン

日本風に言うとミーティング。ということは会議のことでしょうか？ いえいえ、これは初対面の男女がグループで会う集まり。つまり、「**合コン**」のことなんです。やはり韓国でも合コンは飲み会→カラオケが一般的。

소개팅 ソゲッティン

「ミーティン」から派生したのがこの言葉。**소개**（ソゲ）は「紹介」という意味で、その「紹介」と「ミーティン」が合体し、初対面の男女が1対1で会う席を指すようになりました。**「お見合い」よりも、もう少しくだけた雰囲気の席**を言います。

もし韓国人の友だちができたら、お互いの国の外来語をいろいろ比べてみると、楽しい勉強になりますよ。

PART 3

単語を書いてみよう

文字を勉強するときは「習うより慣れろ」が鉄則。このPARTでは、韓国語のさまざまな単語をハングルで書き、手と耳でハングルを覚えます。CDを聞きながらどんどん書き込み、ボキャブラリーを増やしていきましょう。

単語いろいろ

食べ物の名前

韓国にはおいしい料理がたくさんあります。
でも、食材は日本にあるものとほとんど同じです。
まずは、基本的な食べ物の名前を覚えて、読み書きできるようになりましょう。

書いてみよう

CD 23

①パン
빵
ッパン

빵

②牛肉
소고기※
ソ ゴ ギ
소 고 기

③豚肉
돼지고기
トゥェ ジ ゴ ギ
돼 지 고 기

④鮮魚
생선
セン ソン

생 선

⑤野菜
야채
ヤ チェ

야 채

⑥ねぎ
파
パ

파

⑦きゅうり
오이
オ イ

오 이

⑧白菜
배추
ペ チュ

배 추

※「쇠고기（スェゴギ）」とも言います。

⑨唐辛子
고추 
コ チュ
고 추

⑩にんにく
마늘 
マ ヌル
마 늘

⑪醤油
간장 
カン ジャン
간 장

⑫塩
소금 
ソ グム
소 금

⑬味噌
된장 
トゥエンジャン
된 장

⑭果物
과일 
クァ イル
과 일

⑮りんご
사과 
サ グァ
사 과

⑯みかん
귤 
キュル
귤

ハングル マメ知識

「このカメラ、豚の毛なんです」

豚＝**돼지**という単語には苦い思い出が。2001年秋、韓国ではデジカメはまだ値段が高く、さほど一般的ではありませんでした。そんなある日、僕のカメラを見た友人が「それ、カメラでしょ?」。そこで僕は「はい、デジタルです」。それを聞いた友人は、いきなり笑い出しました。「豚の毛なの?」

僕は、ちょっと韓国語っぽい発音で「digital」**디지털**（ディジトル）と言ったつもりだったのが、友人には**돼지**(トゥエジ)＝豚、**털**（トル）＝毛、つまり、「豚の毛」と聞こえたというわけ。このネタ、その後CMにも使われるほどメジャーになりました。

単語いろいろ

レストランで使う単語

レストランで使える料理名などの単語をマスターしましょう。
日本語のメニューがある店もありますが、
最低限これだけ覚えておけば、地元の人がよく行くディープな店にも挑戦できます。

書いてみよう

CD 24

①カルビ
갈비
カル　ビ

갈 비

②プルコギ
불고기
プル　ゴ　ギ
불 고 기

③豚の三枚肉
삼겹살
サム　ギョプ　サル
삼 겹 살

④チゲ
찌개
ッチ　ゲ

찌 개

⑤ご飯
밥
パプ

밥

⑥ビビンパプ
비빔밥
ピ　ビム　パプ
비 빔 밥

⑦キムチ
김치
キム　チ

김 치

⑧パジョン（お好み焼き）
파전
パ　ジョン

파 전

※「ムルネンミョン」ではなく「ムルレンミョン」と読む理由はp.69の「流音化」を参照。

⑨水冷麺	물냉면	ムル レン ミョン※	물 냉 면
⑩ビール	맥주	メク チュ	맥 주
⑪焼酎	소주	ソ ジュ	소 주
⑫どぶろく	막걸리	マク コル リ	막 걸 리
⑬箸	젓가락	チョッ カ ラク	젓 가 락
⑭スプーン	숟가락	スッ カ ラク	숟 가 락
⑮コップ	컵	コプ	컵
⑯メニュー	메뉴판	メ ニュー パン	메 뉴 판

ハングル マメ知識

「すみませ〜ん!」は韓国では?

レストランでお店の人を呼ぶときの言葉は、日本なら「すみませ〜ん」。これが韓国だと、「**여기요~**(ヨギヨー)」となります。直訳すると「ここです」、つまり、ここに用件のある客がいますよ、と言っているわけ。「**저기요~**(チョギヨー)」という呼び方もあり、これは「そこの方〜」と呼んでいるニュアンスなんだとか。

単語いろいろ

韓国の地名

韓国の魅力は、ソウルだけではありません。港町の魅力がいっぱいの釜山、
1000年前の新羅文化が息づく慶州、カルビと世界遺産の街として有名な水原…。
それぞれに魅力いっぱいの、韓国の地名を勉強しましょう。

書いてみよう

CD 25

①ソウル 서울 ソ ウル	서	울								
②釜山 부산 プ サン	부	산								
③水原 수원 ス ウォン	수	원								
④利川 이천 イ チョン	이	천								
⑤大邱 대구 テ グ	대	구								
⑥大田 대전 テ ジョン	대	전								
⑦全州 전주 チョン ジュ	전	주								
⑧光州 광주 クァン ジュ	광	주								

※「カンルン」ではなく「カンヌン」と読む理由はp.69の「鼻音化」を参照。

⑨慶州
경주
キョン ジュ
경 주

⑩安東
안동
アン ドン
안 동

⑪春川
춘천
チュン チョン
춘 천

⑫江陵
강릉
カン ヌン※
강 릉

⑬済州島
제주도
チェ ジュ ド
제 주 도

●韓国の地方区分図

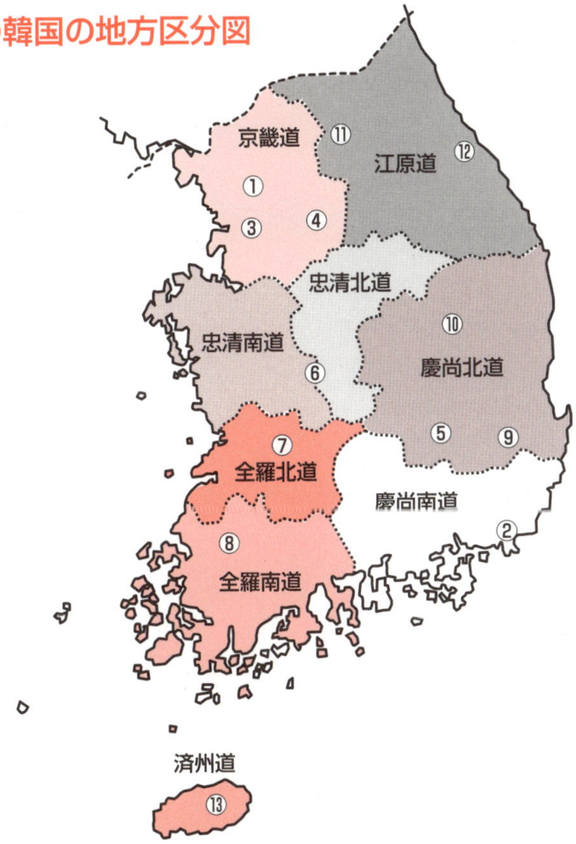

ハングル マメ知識

韓国にもある方言

日本に方言があるように、韓国にも「**사투리**（サトゥリ）」と呼ばれる方言があります。中国の北京語と広東語のような極端な違いはありませんが、大きく分けて、江原道などの中部地方方言、釜山や慶州の慶尚道方言、光州・全州などの全羅道方言、済州島方言などがあります。

なかでも、釜山の方言はソウルの言葉（標準語）とイントネーションがほぼ反対。言葉も、例えば「ご飯食べる?」という言葉は、標準語で「**밥 먹어?**(パム モ**ゴ**)」と言いますが、釜山方言では「**밥 먹나?**(パム **モ**ンナー)」といった感じになります(太字はアクセント)。ちなみに、ソウルの人が釜山の人の言葉を聞くと、日本語によく似た雰囲気に聞こえるそうです。釜山へ行ったら、よく聞いてみましょう。

単語いろいろ

世界の地名

PART 1では、日本の地名をハングルで書いてみましたが、
世界の地名を、実際に韓国で書かれているとおりに練習してみましょう。
日本語と同じ呼び方もあれば、全く異なる呼び方をする国もあります。

書いてみよう

CD 26

①日本	일본 イル ボン	일 본
②東京	도쿄※  トー キョー	도 쿄
③大阪	오사카 オー サ カ	오 사 카
④名古屋	나고야 ナ ゴ ヤ	나 고 야
⑤福岡	후쿠오카 フ ク オ カ	후 쿠 오 카
⑥ニューヨーク	뉴욕  ニュー ヨク	뉴 욕
⑦シアトル	시애틀 シ エ トゥル	시 애 틀
⑧パリ	파리  パ リ	파 리

※「동경(トンギョン)」とも言います。

⑨ベルリン **베를린** ベ ルル リン	베	를	린	
⑩ロンドン **런던** ロン ドン	런	던		
⑪ローマ **로마** ロー マ	로	마		
⑫モスクワ **모스크바** モ ス ク バ	모	스	크	바
⑬北京 **북경** プㇰ キョン	북	경		
⑭上海 **상하이**※ サン ハ イ	상	하	이	
⑮香港 **홍콩** ホン コン	홍	콩		
⑯バンコク **방콕** バン コㇰ	방	콕		

※「**상해**（サンヘ）」とも言います。

ハングル マメ知識

実は漢字が多い韓国語

韓国は、外国の名前を表記するとき、漢字をもとにした発音を使っている例が多数あります。ドイツはトギル（独逸）、イギリスはヨングㇰ（英国）、タイはテグㇰ（泰国）。ある意味、韓国は日本以上に漢字文化の国と言えるかもしれません。

単語 いろいろ

街で見かけるハングル

ソウルの街歩きで見かけるものの単語を勉強します。
デパートは「百貨店」、コンビニは「便宜店」、食堂、派出所など、
漢字に由来する単語が多いですが、発音から漢字を想像できるでしょうか？

書いてみよう

CD 27

①デパート
백화점
ペッ クァ ジョム
백 화 점

②スーパー
슈퍼
シュ ポ

슈 퍼

③コンビニ
편의점
ピョ ニ ジョム
편 의 점

④トイレ
화장실
ファ ジャン シル
화 장 실

⑤地下鉄
지하철
チ ハ チョル
지 하 철

⑥派出所
파출소
パ チュル ソ
파 출 소

⑦タクシー
택시
テク シ

택 시

⑧郵便局
우체국
ウ チェ グク
우 체 국

⑨カフェ
카페 
カ　ペ
카 페

⑩食堂
식당 
シク　タン
식 당

⑪露店
노점 
ノ　ジョム
노 점

⑫ホテル
호텔 
ホ　テル
호 텔

⑬銀行
은행 
ウ　ネン
은 행

⑭公衆電話
공중전화
コン ジュン チョ　ヌア
공 중 전 화

⑮病院
병원 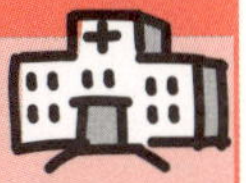
ピョン ウォン
병 원

⑯警察
경찰 
キョン チャル
경 찰

ハングル マメ知識

マクドナルドは何て言う？

韓国にもたくさんあるマクドナルド。さて、韓国語では何と言うのでしょう？　答えは、「**맥도날드**（メクドナルドゥ）」。日本は、外来語を日本人が発音しやすいように大胆にアレンジしますが、韓国語はもとの発音の雰囲気をなるべく残す傾向があります。そのまま発音しても英語圏の人には通じない、というのは、どちらも同じですが…。

単語いろいろ

身の回りのもの

パスポートや財布など、旅行で携帯する身の回りのものの単語を勉強してみましょう。
パッチムがつく単語が多く、バランスよく書くには少し練習が必要ですが、
日常生活でも必要な単語が多いので、何度も書いてしっかり覚えましょう。

書いてみよう

CD 28

①お金
돈
トン

돈

②財布
지갑
チ ガ

지 갑

③携帯電話
핸드폰
ヘン ドゥ ポン
핸 드 폰

④パスポート
여권
ヨッ クォン

여 권

⑤カギ
열쇠
ヨル スェ

열 쇠

⑥手紙
편지
ピョン ジ

편 지

⑦はがき
엽서
ヨプ ソ

엽 서

⑧乾電池
건전지
コン ジョン ジ
건 전 지

⑨薬
약 
ヤク
약

⑩カメラ
카메라
カ メ ラ
카 메 라

⑪デジカメ
디카 
ディ カー
디 카

⑫貴重品
귀중품
クィ ジュン プム
귀 중 품

⑬本
책 
チェク
책

⑭ペン
펜 
ペン
펜

⑮リュック
배낭 
ペ ナン
배 낭

⑯手帳
수첩 
ス チョプ
수 첩

ハングル マメ知識

ハングルの看板で勉強しよう

韓国の街には、ハングルだけで書かれた看板があふれています。これらの看板には定番の文字が多く、韓国語を勉強する皆さんにとってはまたとない勉強のチャンスです。例えば「**약**」という看板。街のあちこちで見かける看板ですが、これは上記の単語⑨にあるとおり「薬」という意味。つまり薬局です。看板を見ては、ハングルを読みとって、その意味を考えると、とても良い勉強になります。東京の大久保などにも韓国語の看板がたくさんあるので、一度散歩してみると、おもしろいかもしれません。

単語いろいろ

ショッピングで使う単語 1

韓国旅行といえば、ショッピングは欠かせません。最近は、物価が上がり以前ほど激安ショッピングは楽しめなくなりましたが、その分品質が上がっています。また、メガネやコスメ、免税品などは、価格的にもまだまだ魅力があります。

書いてみよう

CD 29

①商店街
상가 サン ガ

상 가

②割引
할인 ハ リン

할 인

③特売
특매 トゥン メ※

특 매

④特価
특가 トゥㇰ カ

특 가

⑤無条件
무조건 ム ジョ ゴン
무 조 건

⑥新製品
신제품 シン ジェ プㇺ
신 제 품

⑦中古
중고 チュン ゴ

중 고

⑧流行
유행 ユ ヘン

유 행

※「トゥㇰメ」ではなく「トゥンメ」と読む理由はp.69の「鼻音化」を参照。

⑨免税店
면세점
ミョン セ ジョム
면 세 점

⑩ブランド品
명품
ミョン プム
명 품

⑪クレジットカード
신용카드
シ ニョン カ ドゥ
신 용 카 드

⑫現金
현금
ヒョン グム
현 금

⑬トラベラーズチェック
여행자수표
ヨ ヘン ジャ ス ピョ
여 행 자 수 표

⑭レジ
계산대
ケー サン デ
계 산 대

⑮おつり
거스름돈
コ ス ルム トン
거 스 름 돈

⑯領収書
영수증
ヨン ス ジュン
영 수 증

ハングル マメ知識

「無条件」＝均一価格

街なかを歩いていると、よく見かける「**무조건 만원!**」の露店。これは、直訳すると「無条件1万W!」、つまり「どれでも1万W!」という意味です。売っているものは、シャツやラジオなどさまざまですが、最近多いのがDVDと、その前身のビデオCD。画質はちょっと悪いですが、ビデオCDなら韓国映画の最新作を、3枚1万W程度で買え、日本のパソコンなどでも再生できます。

単語いろいろ

ショッピングで使う単語 2

主にお店の中で使う単語です。最近は、韓国でも外来語がたくさん定着しており、
シャツ、スカート、サイズなど日本でもおなじみの単語があります。
ただし、発音は日本のカタカナ語とはちょっと違うので、よく練習しましょう。

書いてみよう

CD 30

①店員
점원
ジョム ウォン

점 원

②サイズ
사이즈
サ イ ジュ

사 이 즈

③シャツ
셔츠
ショ チュ

셔 츠

④ズボン
바지
パ ジ

바 지

⑤スカート
스커트
ス コ トゥ

스 커 트

⑥ジャケット
제킷
ジェ キッ

제 킷

⑦ワンピース
원피스
ウォン ピ ス

원 피 스

⑧韓国服
한복
ハン ボㇰ

한 복

⑨メガネ
안경
アン ギョン

안 경

⑩傘
우산
ウ サン

우 산

⑪ネックレス
목걸이
モㇰ コ リ

목 걸 이

⑫イヤリング
귀걸이
クィ ゴ リ

귀 걸 이

⑬化粧品
화장품
ファ ジャン プㇺ

화 장 품

⑭靴
구두
ク ドゥ

구 두

⑮色
색깔
セㇰ カル

색 깔

⑯試着室（脱衣室）
탈의실※
タリ シル

탈 의 실

※「의」は語中にあると「이（イ）」の音に変化することが多いです。

ハングル マメ知識

放っておいてくれない韓国のお店

日本では、お客が声をかけるまで店員は何もせずゆっくり見てもらう、という店が増えていますが、韓国ではほとんどありません。特に小さな店では、店に入るや店員が飛んできて、いろいろと薦めてくれます。ゆっくり見たいときは「그냥 보는거예요.（クニャン ポヌン ゴエヨ）見ているだけです」などと言うとよいでしょう。

PART 3
単語を書いてみよう
CD 30
ショッピングで使う単語 2

単語いろいろ

観光で使う単語

ソウルや釜山には、街のあちこちに観光案内所があり、
無料で地図やパンフレットがもらえます。
日本語があまりできない係員もいるので、がんばって韓国語で話しかけてみては?

書いてみよう

CD 31

①旅行 여행 ヨ ヘン		여	행								
②観光 관광 クァン グァン		관	광								
③案内所 안내소 アン ネ ソ		안	내	소							
④ツアー 투어 トゥ オ		투	어								
⑤部屋 방 パン		방									
⑥空港 공항 コン ハン		공	항								
⑦駅 역 ヨㇰ	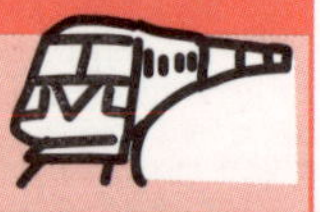	역									
⑧料金 요금 ヨ グム		요	금								

⑨地図
지도
チ ド

지 도

⑩出発
출발
チュル バル

출 발

⑪到着
도착
ト チャク

도 착

⑫見物
구경
ク ギョン

구 경

⑬入場
입장
イプ チャン

입 장

⑭申し込み
신청
シン チョン

신 청

⑮ガイド
가이드
ガ イ ドゥ

가 이 드

⑯きっぷ
표
ピョ

표

ハングル マメ知識

韓国人にも日本語は学びやすい言語

最近は、韓国語を学ぶ日本人が増えていますが、韓国にも日本語を学ぶ人がたくさんいます。なんと、世界の日本語学習者の二人に一人は、韓国人。学校では中学から第2外国語として日本語を選択できます。文法が同じで点をとりやすく、日本のゲームやマンガを原文で読めるようになりたいと、とても人気があるそうです。日本語学習塾もたくさんあり、日本語ガイドは非常に人気のある職業の1つです。

単語いろいろ

家族の単語

韓国の人々は、家族を大事にします。家系や先祖からのつながりも、
日本よりずっと大切に考えるので、家族や親戚を表す単語もたくさんあります。
ここでは、基本的な家族の単語を勉強しましょう。

書いてみよう

CD 32

①父	아버지	アボジ	아 버 지
②母	어머니	オモニ	어 머 니
③祖父	할아버지	ハラボジ	할 아 버 지
④祖母	할머니	ハルモニ	할 머 니
⑤兄（弟が呼ぶ場合）	형 	ヒョン	형
⑥姉（弟が呼ぶ場合）	누나 	ヌナ	누 나
⑦兄（妹が呼ぶ場合）	오빠 	オッパ	오 빠
⑧姉（妹が呼ぶ場合）	언니 	オンニ	언 니

⑨弟
남동생
ナム ドン セン
남 동 생

⑩妹
여동생
ヨ ドン セン
여 동 생

⑪兄弟
형제

ヒョン ジェ
형 제

⑫夫
남편

ナム ピョン
남 편

⑬妻
아내

ア ネ
아 내

⑭いとこ
사촌
サ チョン
사 촌

⑮甥（姪）
조카
チョッ カ
조 카

ハングル マメ知識

家族を呼ぶにもひと苦労

家族の呼び方がとても多い韓国語。左ページの例を見てもわかるように、同じ「兄」「姉」でも、弟が呼ぶときと妹が呼ぶときでは単語が違います。他にも、親戚は母方か父方かによって呼び方が異なり、母方の祖父母は、それぞれ「**외**（外）～」をつけて、「**외할아버지**（祖父）」「**외할머니**（祖母）」と言います。

親の兄弟の呼び方も複雑で、父親の兄は「**큰아버지**（大きな父）」、父親の弟は「**작은아버지**（小さな父）」、父親の姉妹は「**고모**（姑母）」、さらにその夫は「**고모부**（姑母夫）」。同じ親の姉妹でも、母方の場合は「**이모**（姨母）」で、その夫はやはり「**이모부**（姨母夫）」。こんな調子で、父方の未婚の伯父、母の兄の妻、夫の兄弟の妻等々、すべて特定の呼び方があり、きちんと使い分けているというのだから驚きです。

韓国人と結婚し、韓国で生活している日本人が最も苦労するのが、この親戚の呼び方なんだとか。皆さんは、あまり欲張らず、少しずつ覚えていきましょう。

ハングルで顔文字を書いてみよう

メールやインターネットでは、ヽ(´-`)ノ m(_ _)m (^^)/ といった具合に、文字を使って絵を描き、さまざまな感情を表現しますよね。ネット先進国の韓国にも、イモーティコン（이모티콘: emoticon）と呼ばれる、さまざまな絵文字・顔文字があります。いくつかご紹介しましょう。

ㅜㅠ　ㅠㅠ

韓国ではいちばんよく見る顔文字。**涙がダラダラ流れている表情**を表します。韓国では、カッコ「( )」で輪郭を表すことは少ないようです。

^ㅂ^　^ㅁ^

見てのとおり、**にっこり笑っている表情**は、ㅂやㅁで口を表します。日本語の漢字の「口(くち)」やカタカナの「ロ(ろ)」でも似たような表情 ^ロ^ を作れますが、ちょっと口が大きすぎるかもしれませんね。

;ㅁ;

涙をぽたぽた流しながら、呆然と口を開けている様子。「そんなあ〜」という感じでしょうか？

ㅎㅅㅎ;

こんなふうに、ㅎを使って**眉毛つきの顔**を表現することもあります。ㅅは、ちょっと**子犬のようなかわいい鼻**を表すときに使います。

さて、次は顔文字とはちょっと違いますが、次も韓国人とのチャットでとてもよく出てくる表現。どういう意味だと思いますか？

ㅋㅋㅋ

① すたこら逃げる様子
② 「くくくっ」と笑っている様子
③ 口をぽかーんと開けて驚いている様子

答えは②。「くくくっ」（あるいは「きききっ」）と**抑えて笑っている雰囲気**です。ほかに、「ㅎㅎㅎ」という表現もあり、これだと「ふふふ」と笑っている感じになります。

PART 4

覚えた単語で ひとこと会話

文字を覚えたら、次は文章。本書はハングルのドリルですが、最後にかんたんな韓国語の文章を勉強してみましょう。文章といっても、文法が日本語と同じなので、むずかしいことはありません。これをマスターすればハングルの入門編は卒業です。

韓国語のしくみ

「韓国語は、日本語と文法が同じ」
これは韓国語の入門書によく書かれている言葉ですが、どういう意味でしょうか。
「普段、日本語の文法なんて考えたことないから、そんなこと言われてもわからないよ」という方は、このページを読んでみてください。

日本語と文法が同じ①

肯定文の作り方

「文法が同じ」とは、簡単に言えば「**単語を並べる順序が同じ**」ということです。下の文章を見てください。

私	は	山田ひろし	です。
↓	↓	↓	↓
저	는	야마다히로시	입니다.
チョ	ヌン	ヤマダヒロシ	イムニダ

このように、「私」「は」「山田ひろし」「です」という日本語の単語を1つ1つ置き換えるだけで、正しい韓国語の文章ができます。

ここ	は	東京	です。
↓	↓	↓	↓
여기	는	도쿄	입니다.
ヨギ	ヌン	トーキョー	イムニダ

これも「～は…です」という簡単な文章です。最初の文章と見比べると、「は」に当たる「는:ヌン」、「です」に当たる「**입니다**:イムニダ」が、そのまま同じ位置で使われていることがわかると思います。

では、次に「～は」を、「～が」に変えてみましょう。

ここ	が	東京	です。
↓	↓	↓	↓
여기	가	도쿄	입니다.
ヨギ	ガ	トーキョー	イムニダ

「～は」にあたる「는:ヌン」を、そのまま「～が」に当たる「**가**:ガ」にするだけです。このように、発音は大きく異なりますが、**韓国語は日本語と語順が一緒で、助詞の使い方もほとんど同じ**です。「日本語と韓国語は文法が同じ」ということが、何となくつかめてきましたか?

日本語と文法が同じ②

疑問文の作り方

次は疑問文です。文章の最後を問いかける形に変えてみます。

どこ	が	東京	ですか?
어디	가	도쿄	입니까?
オディ	ガ	トーキョー	イムニッカ

これも、日本語と韓国語に共通する法則で、**文の最後に「か?」をつけて、語尾を上げると疑問文**になるのです。肯定文だけでなく、疑問文の作り方も同じです。

文法が同じだけじゃない

発音が似ている単語

韓国語が私たち日本人になじみやすい理由は、文法だけではありません。なんと、日本語と韓国語で同じ発音の単語がたくさんあるのです。

高速道路	は	無料	です。
고속도로	는	무료	입니다.
コソゥドロ	ヌン	ムリョ	イムニダ

見てのとおり、「高速道路」は「コソゥドロ」、「無料」は「ムリョ」と、ほとんど発音が同じです。現代の韓国では、ほとんどの言葉はハングルで書きますが、もともと**中国の漢字に由来**する言葉がたくさんあります。そうした漢字語は、日本語と発音が似ている単語が多いのです。

ところで、高速道路は、当然料金を払わなくてはいけませんよね。上の文章は、内容が事実ではなかったので、ちょっと変えてみましょう。

高速道路	は	有料	です。
고속도로	는	유료	입니다.
コソゥドロ	ヌン	ユリョ	イムニダ

「有料」も「ユリョ」と、ほとんど同じです。どうでしょうか。文法が同じだけでなく、**日本語の発音と似ている**という韓国語、ぐっと身近に感じてきませんか?

なお、「～です」にあたる言葉は、他に「**예요**(エヨ)」という表現があります。こちらのほうが口語的で、疑問文を作るのも**입니다**より簡単なので、以後のページでは**예요**で説明します。

あいさつを覚えよう

言葉のすべての基本はあいさつにあります。
まず最初は、ごく簡単なあいさつと、返事の言葉を勉強します。
あまりむずかしく考えず、ここにある言葉は
そのまま丸暗記してしまうとよいでしょう。

朝も昼も夜も同じでOK

こんにちは

CD 33

韓国語では、日本語と異なり「おはようございます」「こんにちは」「こんばんは」というように、**時間によってあいさつを使い分けることはありません。**朝でも昼でも夜でも、「**안녕하세요**」でかまいません。

こんにちは ＝ 安寧 ですか

안녕 하세요.

アンニョン ハセヨ

最初の「**안녕**」は漢字で書くと「安寧」となり、安らかに元気である様子を言います。そして、次の「**하세요**」が、日本語の「～ですか?」という意味になります。つまり、「**안녕하세요**」は、直訳すると「お元気ですか?」という意味なのです。「**안녕하십니까?**(アンニョンハシムニッカ)」という言い方もあり、これだと「お元気でいらっしゃいますか?」というくらい丁寧な言い方になります。

肯定と否定の返事

はいといいえ

CD 34

英語のYesに当たる肯定の返事が「**네**」または「**예**」です。「**예**」は非常に丁寧な言い方ですので、普通は「**네**」で充分でしょう。

はい ＝ **네 / 예**

ネー イェー

英語のNoに当たる否定の返事が「**아뇨**」です。もともとは「**아니오**(アニオ)」でしたが、最近は、音が縮まった「**아뇨**」が多く使われます。

いいえ ＝ **아뇨**

アニョ

お礼の言葉

ありがとう

CD 35

ありがとうございます ＝ 感謝 いたします

감사 합니다.
カムサ ハムニダ

「**감사**(カムサ)」は漢字で書くと「感謝」。「**합니다**(ハムニダ)」は「～いたします」という意味で、「感謝いたします」と丁寧にお礼を言うニュアンスになります。発音は、字面をそのまま読むと「カムサハプニダ」ですが、「ㅂ」の次に「ㄴ」が来ると、発音するのが難しいので「ㅂ」が「ㅁ」の音に変化し、「カムサハムニダ」になります（p.69「鼻音化」参照）。

謝罪の言葉

すみません

CD 36

すみません ＝ 未安 いたします

미안 합니다.
ミアナムニダ

「**미안**(ミアン)」は漢字で書くと「未安」。日本では見慣れない熟語ですが、心が安らかでなく、申し訳なく思う状態を表します。つまり、「申し訳ありません」という感じ。「**합니다**」の「ㅎ」はHの音ですが、弱い音なので話し言葉では音が脱落し、「**미안**」の「ㄴ」とリエゾンします。

別れの言葉

さようなら

CD 37

さようなら（帰る人に対して）

安寧に 行ってください

안녕히 가세요.
アンニョンヒ カセヨ

さようなら（その場に残る人に対して）

安寧に いらっしゃってください

안녕히 계세요.
アンニョンヒ ケセヨ

韓国では、別れのあいさつが2種類あります。2つの違いは1文字だけですが、それぞれ「お元気で行ってください」「お元気でいらっしゃってください」という意味です。ちなみに、電話などで両方とも動かない場合は、お互いに「**안녕히계세요.**」と言うようです。

助詞をマスターしよう

p.94でも簡単に学習しましたが、
韓国語には日本語と同じように助詞があり、使い方もそっくりです。
ここでは、主な助詞を勉強して、
韓国語と日本語がいかに似ているかを実感しましょう。

●助詞一覧表

日本語	韓国語		使用例
～は	●直前の名詞の最後にパッチムがない場合	～는(ヌン)	저는(私は) チョ ヌン　나무는(木は) ナ ム ヌン
	●直前の名詞の最後にパッチムがある場合	～은(ウン)	한국은(韓国は) ハン グ グン　책은(本は) チェ グン
～が	●直前の名詞の最後にパッチムがない場合	～가(ガ)	내가(僕が) ネ ガ　카메라가(カメラが) カ メ ラ ガ
	●直前の名詞の最後にパッチムがある場合	～이(イ)	일본이(日本が) イル ボ ニ　가방이(かばんが) カ バン イ
～を	●直前の名詞の最後にパッチムがない場合	～를(ルル)	머리를(頭を) モ リ ルル　바지를(ズボンを) パ ジ ルル
	●直前の名詞の最後にパッチムがある場合	～을(ウル)	돈을(お金を) ト ヌル　물을(水を) ム ルル
～に		～에(エ)	서울에(ソウルに) ソ ウ レ　여기에(ここに) ヨ ギ エ
～も		～도(ド)	저도(私も) チョ ド　내일도(明日も) ネ イル ド
～と		～하고(ハ ゴ)	한국하고 일본(韓国と日本) ハン グㇰ ハ ゴ イル ボン
～から	●場所をあらわす場合	～에서(エ ソ)	도쿄에서(東京から) トーキョーエ ソ　집에서(家から) チ ベ ソ
	●時間をあらわす場合	～부터(ブ ト)	오늘부터(今日から) オ ヌル ブ ト　지금부터(今から) チ グㇺ ブ ト
～まで	●場所／時間にかかわらず	～까지(ッカ ジ)	서울까지(ソウルまで) ソ ウル ッカ ジ　내일까지(明日まで) ネ イル ッカ ジ

書いてみよう

CD 38

①カルビ＋は 갈비는 カル ビ ヌン	갈	비	는							
②果物＋が 과일이 クァ イ リ	과	일	이							
③お店＋が 가게가 カ ゲ ガ	가	게	가							
④パリ＋に 파리에 パ リ エ	파	리	에							
⑤タクシー＋も 택시도 テク シ ド	택	시	도							
⑥私＋と 저하고 チョ ハ ゴ	저	하	고							
⑦ブランド品＋を 명품을 ミョン プ ムル	명	품	을							
⑧野菜＋を 야채를 ヤ チェ ルル	야	채	를							
⑨昨日＋から 어제부터 オ ジェ ブ ト	어	제	부	터						
⑩駅＋まで 역까지 ヨク カ ジ	역	까	지							

指示語をマスターしよう

韓国でショッピングや食事をするとき、
「これください」「あれは何ですか」などの言葉が使えるととても便利です。
韓国語にも日本語の「こそあど言葉」に当たる単語があり、使い方もほとんど同じ。
勉強すればするほど、日本語と韓国語の共通点を実感できます。

●こそあど言葉

こ		そ		あ		ど	
この	이 イ	その	그 ク	あの	저 チョ	どの	어느 オヌ
これ	이것 イゴッ	それ	그것 クゴッ	あれ	저것 チョゴッ	どれ	어느것 オヌゴッ
ここ	여기 ヨギ	そこ	거기 コギ	あそこ	저기 チョギ	どこ	어디 オディ

使用例

이 책（この本）
イー チェㇰ

그 바지（そのズボン）
ク パジ

저 구두（あの靴）
チョ クドゥ

어느 컵?（どのコップ?）
オヌ コッㇷ

書いてみよう

CDを聞き、発音しながら「こそあど言葉」を書いてみましょう。 CD 39

① この 이 イ	이			
② これ 이것 イゴッ	이	것		
③ ここ 여기 ヨギ	여	기		
④ その 그 ク	그			
⑤ それ 그것 クゴッ	그	것		
⑥ そこ 거기 コギ	거	기		

⑦ あの				
저 チョ	저			
⑧ あれ				
저것 チョゴッ	저	것		
⑨ あそこ				
저기 チョギ	저	기		

⑩ どの				
어느 オヌ	어	느		
⑪ どれ				
어느것 オヌゴッ	어	느	것	
⑫ どこ				
어디 オディ	어	디		

書いてみよう

CDを聞き、発音しながら「方向を表す言葉」を書いてみましょう。 CD 40

① 前	앞 アプ	앞			
② 後ろ	뒤 トゥイ	뒤			
③ 上	위 ウィ	위			
④ 下	아래 アレ	아	래		
⑤ 左側	왼쪽 ウェン チョク	왼	쪽		

⑥ 右側	오른쪽 オルン チョク	오	른	쪽
⑦ 東(の方)	동(쪽) トン チョク	동(쪽)	( )	
⑧ 西(の方)	서(쪽) ソ ッチョク	서(쪽)	( )	
⑨ 南(の方)	남(쪽) ナム チョク	남(쪽)	( )	
⑩ 北(の方)	북(쪽) プク チョク	북(쪽)	( )	

カンタンフレーズ その1

「〜は…です」

韓国の人に会ったら、まず最初に自己紹介は欠かせないものです。そこで、自己紹介をするのに便利なフレーズ「〜は…です」を勉強しましょう。

〜は …です。

〜는(은) …예요(이에요).

ヌン ウン エヨ イエヨ

「예요」は話し言葉では「에요（エヨ）」と発音されます。

↑直前にパッチムがある場合はこちら（은）

↑直前にパッチムがある場合はこちら（이에요）

書いてみよう

CD 41

★「は」や「です」にあたる言葉の形は、直前のパッチムで変わるので注意。**일본사람**（日本人）の最後の**람**にパッチム「**ㅁ**」がついているので、「です」は**이에요**になります。**사람**（サラム）は**이에요**（イエヨ）とくっついて、「サラミエヨ」と発音します。（→p.68）

私 は ○○○○ です。

저는 ○○○○ 예요(이에요).※

チョ ヌン （あなたのお名前） エヨ イエヨ

私 は 日本人 です。

저는 일본사람이에요.

チョ ヌン イルボンサラミエヨ

故郷 は 東京 です。

고향은 도쿄예요.

コヒャン ウン トーキョー エヨ

ソウル は はじめて です。

서울은 처음이에요.

ソウルン チョウミエヨ

※日本人の場合は、リエゾンすると正しく名前が伝わらないので、どんな名前でも「**예요**」を使います。

カンタンフレーズ その2 「〜はありますか？」

お店や食堂で、目当てのものがあるかどうか尋ねる文章です。いちばん最初に、あるかどうか訊きたい単語を入れるだけで、完ぺきな疑問文になります。

〜は　　　ありますか？
〜는(은)　있어요？
　ヌン　ウン　　イッソヨ
　　　↑
直前にパッチムがある場合はこちら

書いてみよう

★日本語では、よく助詞の「は」を省いて「ビールありますか？」などという尋ね方をしますが、韓国語も同じ。ですから、下の例文では「는／은」はすべて省略できます。ちなみに、韓国語では「（ものが）ある」と「（人が）いる」の区別はありません。

CD 42

ビール　は　ありますか？
맥주는 있어요？
メクチュ　ヌン　　イッソヨ

電話　は　ありますか？
전화는 있어요？
チョヌァ　ヌン　　イッソヨ

部屋　は　ありますか？
방은 있어요？
パン　ウン　イッソヨ

トイレ　は　ありますか？
화장실은 있어요？
ファジャンシルン　　イッソヨ

PART 4 覚えた単語でひとこと会話

CD 41 「〜は…です」／ CD 42 「〜はありますか？」

カンタンフレーズその3

「～をください」

ショッピングでもレストランでも、注文するときにはこのフレーズが絶対必要です。これも、最初にほしいものの単語を入れるだけで、いろいろなシチュエーションで使えます。

～を　　　ください。

～를(을) 주세요.
ルル　ウル　ジュセヨ

↑直前にパッチムがある場合はこちら

書いてみよう

★「～をください」と言うのも大事ですが、むしろほしいものを指さして「これください」「あれください」と言うほうが大事。こそあど言葉を覚えておきましょう。「これください」も日本語と同様、「を」に当たる助詞を省略して言うことのほうが多いです。

CD 43

これ　を　ください。

이것을 주세요.
イゴスル　ジュセヨ

それ　を　ください。

그것을 주세요.
クゴスル　ジュセヨ

あれ　を　ください。

저것을 주세요.
チョゴスル　ジュセヨ

カルビ　を　ください。

갈비를 주세요.
カルビ　ルル　ジュセヨ

カンタンフレーズその4

「〜ですか?」

疑問文は、とても簡単。p.102で習った、「〜です」の文章を、そのまま語尾を上げて話すだけで、完璧な口語体の疑問文になります。語尾が変化することはありません。

これは　〜ですか？

이것은 〜예요(이에요)?

イゴスン　エヨ　イエヨ

↑ 直前にパッチムがある場合はこちら

書いてみよう

★この文例でも、日本語と同様、話し言葉では助詞の「は」を省くことができます。しかし、「これ何ですか?」이것 뭐예요?（イゴッ ムォエヨ）というのは言いにくいので、것のパッチムも消えて、이거 뭐예요?（イゴ ムォエヨ）となるのが普通です。

CD 44

韓国人　ですか?

한국사람이에요?

ハングㇰサラミエヨ

これは　何　ですか?

이것은 뭐예요?

イゴスン　ムォ　エヨ

あれは　食堂　ですか?

저것은 식당이에요?

チョゴスン　シㇰタン　イエヨ

それは　デジカメですか?

그것은 디카예요?

クゴスン　ディカーエヨ

カンタンフレーズ その5

「～はどこですか?」

慣れない外国では、つい道に迷ってしまうもの。ハングルがあふれる韓国の街では、道がわからないのは不安なものです。不安に思ったら、どんどん人に訊いてみましょう。

～は(が)　どこですか？

～가(이) 어디예요?

ガ　イ　オディエヨ

↑ 直前にパッチムがある場合はこちら

書いてみよう

★日本語では、「～はどこですか?」という尋ね方をしますが、韓国では「～がどこですか?」という尋ね方をします。「～が」という助詞は覚えていますか?そう、直前にパッチムがないときは「～가」、パッチムがあるときは「～이」と言うのでしたね(→p.98)。

CD 45

トイレは　どこですか?

화장실이 어디예요?

ファジャンシリ　オディエヨ

地下鉄駅は　どこですか?

지하철역이 어디예요?

チハチョルヨギ　オディエヨ

私の　部屋は　どこですか?

제 방이 어디예요?

チェ　パンイ　オディエヨ

ここは　どこですか?

여기가 어디예요?

ヨギガ　オディエヨ

カンタンフレーズ その6

「この〜はいくらですか?」

まだまだ後を絶たない、金銭のトラブル。それを避けるためには、あらかじめ値段をきちんと確認することが大切です。値段を尋ねるフレーズを練習しましょう。

この〜は　いくらですか？

〜는(은) 얼마예요?

ヌン　ウン　オルマエヨ

↑直前にパッチムがある場合はこちら

書いてみよう

★「この」「あの」「その」と言うときは、「これ」「あれ」「それ」の最初の文字にそれぞれ「이(イ)…」「저(チョ)…」「그(ク)…」を使います。カタカナ語は、「シャツ」が「셔츠(ショチュ)」など、日本とは全然違う音で表すというのも面白いですね。

CD 46

この　キムチは　いくらですか?

이 김치는 얼마예요?

イ　キムチヌン　オルマエヨ

この　部屋は　いくらですか?

이 방은 얼마예요?

イ　パンウン　オルマエヨ

あの　シャツは　いくらですか?

저 셔츠는 얼마예요?

チョ　ショチュヌン　オルマエヨ

その　メガネは　いくらですか?

그 안경은 얼마예요?

ク　アンギョンウン　オルマエヨ

韓国語の数字を覚えよう

ショッピングで数量や金額を尋ねたり、食事のときメニューの金額を確認したりするときに欠かせないのが数字。韓国語の数字にも「漢数字」（いち、に、さん…）と「固有数字」（ひとつ、ふたつ、みっつ…）があり、言い方も異なります。

	CD 47 漢数字	CD 48 固有数字
0	영 ヨン	(공)※ コン
1	일 イㇽ	하나 ハナ
2	이 イー	둘 トゥㇽ
3	삼 サㇺ	셋 セッ
4	사 サー	넷 ネッ
5	오 オー	다섯 タソッ
6	육 ユㇰ	여섯 ヨソッ
7	칠 チㇽ	일곱 イㇽゴㇷ゚
8	팔 パㇽ	여덟 ヨドㇽ
9	구 ク	아홉 アホㇷ゚

	CD 49 漢数字	CD 50 固有数字
10	십 シㇷ゚	열 ヨㇽ
11	십일 シビㇽ	열하나 ヨラナ
12	십이 シビ	열둘 ヨㇽトゥㇽ
13	십삼 シㇷ゚サㇺ	열셋 ヨㇽセッ
14	십사 シㇷ゚サー	열넷 ヨㇽレッ
15	십오 シボ	열다섯 ヨㇽタソッ
16	십육 シㇺニュㇰ	열여섯 ヨリョソッ
17	십칠 シㇷ゚チㇽ	열일곱 ヨリㇽゴㇷ゚
18	십팔 シㇷ゚パㇽ	열여덟 ヨリョドㇽ
19	십구 シㇷ゚ク	열아홉 ヨラホㇷ゚

	CD 51 漢数字	CD 52 固有数字
20	이십 イーシㇷ゚	스물 スムㇽ
21	이십일 イーシビㇽ	스물하나 スムラナ
22	이십이 イーシビ	스물둘 スムㇽトゥㇽ
23	이십삼 イーシㇷ゚サㇺ	스물셋 スムㇽセッ
24	이십사 イーシㇷ゚サー	스물넷 スムㇽレッ
25	이십오 イーシボ	스물다섯 スムㇽタソッ
26	이십육 イーシㇺニュㇰ	스물여섯 スムリョソッ
27	이십칠 イーシㇷ゚チㇽ	스물일곱 スムリㇽゴㇷ゚
28	이십팔 イーシㇷ゚パㇽ	스물여덟 スムリョドㇽ
29	이십구 イーシㇷ゚ク	스물아홉 スムラホㇷ゚

	CD 53 漢数字	CD 54 固有数字
30	삼십 サㇺシㇷ゚	서른 ソルン
31	삼십일 サㇺシビㇽ	서른하나 ソルナナ
32	삼십이 サㇺシビ	서른둘 ソルントゥㇽ
33	삼십삼 サㇺシㇷ゚サㇺ	서른셋 ソルンセッ
34	삼십사 サㇺシㇷ゚サー	서른넷 ソルンネッ
35	삼십오 サㇺシボ	서른다섯 ソルンタソッ
36	삼십육 サㇺシㇺニュㇰ	서른여섯 ソルニョソッ
37	삼십칠 サㇺシㇷ゚チㇽ	서른일곱 ソルニㇽゴㇷ゚
38	삼십팔 サㇺシㇷ゚パㇽ	서른여덟 ソルニョドㇽ
39	삼십구 サㇺシㇷ゚ク	서른아홉 ソルナホㇷ゚

※「공」は「空（から）」を意味する言い方で、厳密には固有数字ではありません。

CD 55

	漢数字	
40	사십	サーシㇷ゚
41	사십일	サーシビㇽ
42	사십이	サーシビ
43	사십삼	サーシㇷ゚サㇺ
44	사십사	サーシㇷ゚サー
45	사십오	サーシボ
46	사십육	サーシㇺニュㇰ
47	사십칠	サーシㇷ゚チㇽ
48	사십팔	サーシㇷ゚パㇽ
49	사십구	サーシㇷ゚ク

CD 56

	漢数字	
50	오십	オーシㇷ゚
51	오십일	オーシビㇽ
52	오십이	オーシビ
53	오십삼	オーシㇷ゚サㇺ
54	오십사	オーシㇷ゚サー
55	오십오	オーシボ
56	오십육	オーシㇺニュㇰ
57	오십칠	オーシㇷ゚チㇽ
58	오십팔	オーシㇷ゚パㇽ
59	오십구	オーシㇷ゚ク

CD 57

	漢数字	
60	육십	ユㇰシㇷ゚
61	육십일	ユㇰシビㇽ
62	육십이	ユㇰシビ
63	육십삼	ユㇰシㇷ゚サㇺ
64	육십사	ユㇰシㇷ゚サー
65	육십오	ユㇰシボ
66	육십육	ユㇰシㇺニュㇰ
67	육십칠	ユㇰシㇷ゚チㇽ
68	육십팔	ユㇰシㇷ゚パㇽ
69	육십구	ユㇰシㇷ゚ク

CD 58

	漢数字	
70	칠십	チㇽシㇷ゚
71	칠십일	チㇽシビㇽ
72	칠십이	チㇽシビ
73	칠십삼	チㇽシㇷ゚サㇺ
74	칠십사	チㇽシㇷ゚サー
75	칠십오	チㇽシボ
76	칠십육	チㇽシㇺニュㇰ
77	칠십칠	チㇽシㇷ゚チㇽ
78	칠십팔	チㇽシㇷ゚パㇽ
79	칠십구	チㇽシㇷ゚ク

CD 59

	漢数字	
80	팔십	パㇽシㇷ゚
81	팔십일	パㇽシビㇽ
82	팔십이	パㇽシビ
83	팔십삼	パㇽシㇷ゚サㇺ
84	팔십사	パㇽシㇷ゚サー
85	팔십오	パㇽシボ
86	팔십육	パㇽシㇺニュㇰ
87	팔십칠	パㇽシㇷ゚チㇽ
88	팔십팔	パㇽシㇷ゚パㇽ
89	팔십구	パㇽシㇷ゚ク

CD 60

	漢数字	
90	구십	クーシㇷ゚
91	구십일	クーシビㇽ
92	구십이	クーシビ
93	구십삼	クーシㇷ゚サㇺ
94	구십사	クーシㇷ゚サー
95	구십오	クーシボ
96	구십육	クーシㇺニュㇰ
97	구십칠	クーシㇷ゚チㇽ
98	구십팔	クーシㇷ゚パㇽ
99	구십구	クーシㇷ゚ク

CD 61

百	백 ペㇰ	千	천 チョン
万	만 マン	億	억 オㇰ

★漢数字と固有数字の使い分け

漢数字と固有数字のうち、主に使われるのは漢数字ですが、ものを数えるときや、後ろに「〜本」「〜個」のような助数詞が付く場合は、原則として固有数字を使います。特に注意が必要なのは時刻の表現で、「時」の単位は固有数字を、「分」「秒」の単位は漢数字を使います。

3 時 30 分

세 시 삼십 분

固有数字↑ ↑漢数字

※固有数字の1〜4と20は、後ろに「〜時」「〜個」などの単位が付く場合、単語が変化します。1は**하나→한**、2は**둘→두**、3は**셋→세**、4は**넷→네**、20は**스물→스무**となります。

ハングル表 반절표

(パンジョルピョ)

韓国語の文字と発音の一覧表です。

			パッチムになったときの発音	基本母音 ㅏ A	ㅑ YA	ㅓ 口を大きく開け、舌を少し引っ込めて O	ㅕ 口を大きく開け、舌を少し引っ込めて YO
基本子音（平音）	ㄱ	g（語頭ではkに近い）	k	가 カ·ガ	갸 キャ·ギャ	거 コ·ゴ	겨 キョ·ギョ
基本子音（平音）	ㄴ	n	n	나 ナ	냐 ニャ	너 ノ	녀 ニョ
基本子音（平音）	ㄷ	d（語頭ではtに近い）	t	다 タ·ダ	댜 テャ·デャ	더 ト·ド	뎌 テョ·デョ
基本子音（平音）	ㄹ	l	l	라 ラ	랴 リャ	러 ロ	려 リョ
基本子音（平音）	ㅁ	m	m	마 マ	먀 ミャ	머 モ	며 ミョ
基本子音（平音）	ㅂ	b（語頭ではpに近い）	p	바 パ·バ	뱌 ピャ·ビャ	버 ポ·ボ	벼 ピョ·ビョ
基本子音（平音）	ㅅ	s	t	사 サ	샤 シャ	서 ソ	셔 ショ
基本子音（平音）	ㅇ	子音なし	ng	아 ア	야 ヤ	어 オ	여 ヨ
基本子音（平音）	ㅈ	j（語頭ではchに近い）	t	자 チャ·ジャ	쟈 チャ·ジャ	저 チョ·ジョ	져 チョ·ジョ
子音（激音）	ㅊ	息を吐きながらch	t	차 チャ	챠 チャ	처 チョ	쳐 チョ
子音（激音）	ㅋ	息を吐きながら k	k	카 カ	캬 キャ	커 コ	켜 キョ
子音（激音）	ㅌ	息を吐きながら t	t	타 タ	탸 テャ	터 ト	텨 テョ
子音（激音）	ㅍ	息を吐きながら p	p	파 パ	퍄 ピャ	퍼 ポ	펴 ピョ
子音（激音）	ㅎ	息を吐きながら h	t	하 ハ	햐 ヒャ	허 ホ	혀 ヒョ
子音（濃音）	ㄲ	息を止めて絞りだすように k	k	까 ッカ	꺄 ッキャ	꺼 ッコ	껴 ッキョ
子音（濃音）	ㄸ	息を止めて絞りだすように t	−	따 ッタ	땨 ッテャ	떠 ット	뗘 ッテョ
子音（濃音）	ㅃ	息を止めて絞りだすように p	−	빠 ッパ	뺘 ッピャ	뻐 ッポ	뼈 ッピョ
子音（濃音）	ㅆ	息を止めて絞りだすように s	t	싸 ッサ	쌰 ッシャ	써 ッソ	쎠 ッショ
子音（濃音）	ㅉ	息を止めて絞りだすように ch	−	짜 ッチャ	쨔 ッチャ	쩌 ッチョ	쪄 ッチョ

基本母音					
ㅗ	ㅛ	ㅜ	ㅠ	ㅡ	ㅣ
口をすぼめて O	口をすぼめて YO	口をすぼめて U	口をすぼめて YU	「イ」を言うように口を横に広げて U	I
고 コ・ゴ	교 キョ・ギョ	구 ク・グ	규 キュ・ギュ	그 ク・グ	기 キ・ギ
노 ノ	뇨 ニョ	누 ヌ	뉴 ニュ	느 ヌ	니 ニ
도 ト・ド	됴 テョ・デョ	두 トゥ・ドゥ	듀 テュ・デュ	드 トゥ・ドゥ	디 ティ・ディ
로 ロ	료 リョ	루 ル	류 リュ	르 ル	리 リ
모 モ	묘 ミョ	무 ム	뮤 ミュ	므 ム	미 ミ
보 ポ・ボ	뵤 ピョ・ビョ	부 プ・ブ	뷰 ピュ・ビュ	브 プ・ブ	비 ピ・ビ
소 ソ	쇼 ショ	수 ス	슈 シュ	스 ス	시 シ
오 オ	요 ヨ	우 ウ	유 ユ	으 ウ	이 イ
조 チョ・ジョ	죠 チョ・ジョ	주 チュ・ジュ	쥬 チュ・ジュ	즈 チュ・ジュ	지 チ・ジ
초 チョ	쵸 チョ	추 チュ	츄 チュ	츠 チュ	치 チ
코 コ	쿄 キョ	쿠 ク	큐 キュ	크 ク	키 キ
토 ト	툐 テョ	투 トゥ	튜 テュ	트 トゥ	티 ティ
포 ポ	표 ピョ	푸 プ	퓨 ピュ	프 プ	피 ピ
호 ホ	효 ヒョ	후 フ	휴 ヒュ	흐 フ	히 ヒ
꼬 ッコ	꾜 ッキョ	꾸 ック	뀨 ッキュ	끄 ック	끼 ッキ
또 ット	뚀 ッテョ	뚜 ットゥ	뜌 ッテュ	뜨 ットゥ	띠 ッティ
뽀 ッポ	뾰 ッピョ	뿌 ップ	쀼 ッピュ	쁘 ップ	삐 ッピ
쏘 ッソ	쑈 ッショ	쑤 ッス	쓔 ッシュ	쓰 ッス	씨 ッシ
쪼 ッチョ	쬬 ッチョ	쭈 ッチュ	쮸 ッチュ	쯔 ッチュ	찌 ッチ

複合母音についてはp.62を参照してください。

■ 著者紹介

栗原 景（くりはら かげり）

1971年東京生まれ。フォトライター、翻訳家。出版社勤務を経て、2001年よりフリー。同年より韓国の高麗大学語学教育センター、建国大学外国語教育院で韓国語を学ぶ。現在、日本と韓国を往復しながら、韓国、旅、交通を主なテーマに、雑誌や書籍に制作活動を続けている。

■ 翻訳
『世界・大鉄道の旅』（心交社）

■ 著書
『別冊宝島1089号 3泊4日のハングル会話』（宝島社）

■ 企画編集	成美堂出版編集部
■ 編集制作	有限会社テクスタイド
	武藤 貴志（ぶとう たかし）
■ 本文デザイン・DTP	有限会社テクスタイド
	田浦 裕朗（たうら ひろあき）
■ 装丁	菊谷 美緒（きくや みお）
■ イラスト	関根 庸子（せきね ようこ）
■ CD録音	財団法人英語教育協議会（ELEC）
	●韓国語ナレーター　崔 英伊（チェ ヨンイ）
	●日本語ナレーター　矢嶋 美保（やじま みほ）

CD収録時間：59分35秒

「あいうえお」から始める 書き込み式ハングルBOOK

著　者　栗原　景（くりはら かげり）
発行者　深見 悦司
発行所　成美堂出版
　　　　〒162-8445　東京都新宿区新小川町1-7
　　　　電話(03)5206-8151　FAX(03)5206-8159
印　刷　株式会社 東京印書館

©Kurihara Kageri 2005　PRINTED IN JAPAN
ISBN4-415-03030-0
落丁・乱丁などの不良本はお取り替えします
定価はカバーに表示してあります

・本書および本書の付属物は、著作権法上の保護を受けています。
・本書の一部あるいは全部(音声、映像および各種プログラムを含む)を、無断で複写、複製、転載することは禁じられております。